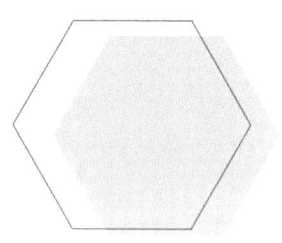

构建面向环太平洋经济圈的桥头堡
舟山新区发展规划研究

郑新立 陈永杰 王军
徐伟 刘森 等·著

GOUJIANMIANXIANGHUANTAIPINGYANG
JINGJIQUANDEQIAOTOUBAO

中国市场出版社
China Market Press
·北 京·

图书在版编目（CIP）数据

构建面向环太平洋经济圈的桥头堡：舟山新区发展规划研究／郑新立等著．—北京：中国市场出版社，2019.6

ISBN 978－7－5092－1852－5

Ⅰ.①构… Ⅱ.①郑… Ⅲ.①区域经济发展-研究-舟山 Ⅳ.①F127.553

中国版本图书馆CIP数据核字（2019）第112420号

构建面向环太平洋经济圈的桥头堡
　——舟山新区发展规划研究
GOUJIAN MIANXIANG HUANTAIPINGYANG JINGJIQUAN DE QIAOTOUBAO
　——ZHOUSHAN XINQU FAZHAN GUIHUA YANJIU

作　　者：	郑新立　陈永杰　王军　徐伟　刘森　等
责任编辑：	宋　涛（zhixuanjingpin@163.com）
出版发行：	中国市场出版社
社　　址：	北京市西城区月坛北小街2号院3号楼（100837）
电　　话：	（010）68034118/68021338/68022950/68020336
经　　销：	新华书店
印　　刷：	河北鑫兆源印刷有限公司
开　　本：	170mm×240mm　1/16
印　　张：	19.25　　　　　　　　　　字　数：300千字
版　　次：	2019年6月第1版　　　　　　印　次：2019年6月第1次印刷
书　　号：	ISBN 978－7－5092－1852－5
定　　价：	88.00元

版权所有 侵权必究　　印装差错 负责调换

目 录

浙江舟山群岛新区发展规划

第一章　发展基础和战略意义　/003

第二章　总体要求　/009

第三章　空间布局　/016

第四章　建设大宗商品储运中转加工交易中心　/021

第五章　建设东部地区重要的海上开放门户　/025

第六章　建设现代海洋产业基地　/028

第七章　建设海洋综合开发试验区　/035

第八章　建设陆海统筹发展先行区　/043

第九章　建设海洋海岛综合保护开发示范区　/049

第十章　建设海洋科教文化基地　/053

第十一章　建设文明富裕的和谐海岛　/057

第十二章　加强规划实施组织领导　/061

序 /001

研究报告一
浙江舟山群岛新区发展规划研究(草案)

第一章 战略意义和发展基础 /003

第二章 总体要求 /007

第三章 空间布局 /011

第四章 建设我国大宗商品储运中转加工交易中心 /017

第五章 建设我国东部地区重要的海上开放门户 /020

第六章 建设我国现代海洋产业基地 /023

第七章 建设我国海洋综合开发试验区 /029

第八章 建设我国陆海统筹发展先行区 /034

第九章 建设我国海洋海岛综合保护开发示范区 /038

第十章 建设我国海洋科教文化中心和海岛和谐社会 /041

第十一章 加强规划实施组织领导 /045

研究报告二
大洋山开发开放模式创新研究

第一章 小洋山开发成效超目标、影响超预期 /051

第二章 小洋山模式成功经验与面临问题 /055

第三章 开发大洋山深水港区的重要意义和可行性 /062

第四章 大洋山开发应遵循的基本要求 /066

第五章 大小洋山开发基本功能定位设想 /070

第六章 大洋山开发建设主要模式及综合比选 /075

第七章 新型联合模式的推进及实施步骤 /088

研究报告三
舟山建设大型现代绿色石化基地战略研究

第一章　世界石化产业发展趋势及启示　/097

第二章　我国石化工业面临的机遇与挑战　/105

第三章　国内外石化产业的市场环境　/113

第四章　舟山建设大型现代绿色石化基地的必要性和可行性　/122

第五章　舟山群岛新区石化产业基地选址　/131

第六章　舟山建设大型现代绿色石化基地的战略思路和目标　/150

第七章　措施建议　/156

研究报告四
舟山自由港区建设研究

第一章　舟山自由港区建设"三步走"战略实施进展情况　/163

第二章　香港自由港发展的主要经验与教训　/170

第三章　新加坡自由贸易区值得借鉴的经验　/180

第四章　迪拜自由贸易区迅速崛起的成功经验　/194

第五章　建设舟山自由港区的战略目标和战略重点　/202

第六章　建设舟山自由港区的战略举措和实施步骤　/206

第七章　建设舟山航空基地的构想　/215

第八章　建设舟山绿色石化基地的构想　/219

第九章　建设舟山生物制药基地的构想　/224

第十章　建设舟山海洋工程装备制造业基地的构想　/229

第十一章　建设舟山海洋旅游基地的构想　/232

浙江舟山群岛新区发展规划

国函〔2013〕15号

前　言

2011年6月，国务院批准设立浙江舟山群岛新区（以下简称舟山群岛新区），明确提出舟山群岛新区建设要以深化改革为动力，以先行先试为契机，坚持高起点规划、高标准建设、高水平管理，在推动浙江经济社会发展、加快东部地区发展方式转变、促进全国区域协调发展中发挥更大作用。按照国务院要求，为全面落实《中华人民共和国国民经济和社会发展第十二个五年规划纲要》、《长江三角洲地区区域规划》、《浙江海洋经济发展示范区规划》，积极探索海洋经济科学发展新路径，着力打造海洋海岛综合保护开发新模式，不断创新陆海统筹协调新机制，切实推进舟山群岛新区全面开发开放和又好又快发展，特制定本规划。

规划范围为舟山市行政管辖区域，包括1390个岛屿及其邻近海域，陆域面积1440平方公里，海域面积2.08万平方公里。规划期限为2012—2020年，重大问题展望到2030年。规划是指导舟山群岛新区改革发展建设的纲领性文件，是编制相关专项规划的重要依据。

第一章　发展基础和战略意义

舟山群岛新区发展基础良好、战略地位突出，加快开发开放，不断创新实践，努力打造面向环太平洋经济圈的桥头堡，对深入实施国家区域发展总体战略和海洋强国战略具有重大意义。

第一节　发展基础

区位优势独特，港口条件优越。舟山群岛新区处于我国南北海运大通道和长江黄金水道交汇地带，是江海联运的重要枢纽，是我国伸入环太平洋经济圈的前沿地区，也是我国扩大开放、通联世界的战略门户。舟山群岛新区深水岸线资源最丰富、建港条件十分优越，适宜开发建港的深水岸线总长280公里，船舶避风和锚地条件良好，多条国际航道穿境而过。宁波–舟山港舟山港域目前已建成各类生产性泊位317个，2011年实际完成货物吞吐量2.61亿吨。依托优越的港口运输条件，目前已建成亚洲最大的铁矿砂中转基地、全国最大的商用石油中转基地、全国重要的化工品和粮油中转基地、国家石油战略储备基地、华东地区最大的煤炭中转基地。

海洋资源丰富，产业基础较好。舟山群岛新区岛屿众多，面积超过500平方米的海岛数量占全国的20%；海洋生物资源丰富，是我国最大的近海渔场和重要的海洋生物基因库；佛教文化、海洋文化底蕴深厚，拥有独特、丰富的旅游资源，是我国海洋旅游重点区域和国家旅游综合改革试点城市；油气及近海风能、潮流能等资源富集，开发利用前景广阔。2011年，舟山市海洋生产总值525亿元，占地区生产总值（GDP）的67.9%；海洋产业体系较为完善，海洋渔业发达，水产品加工技术先进；海洋工程装备制造业扎实起步，是全国重要的修造船基地；港航物流发展迅速，辐射带动能力不断增强；海洋药物和生物制品、海水利用、海洋新能源等新兴产业蓬勃兴起，发展潜力巨大。

经济增速较快，城乡发展协调。2011年舟山市

GDP达772.8亿元,"十一五"期间年均增速近15%,居浙江省首位;人均GDP达6.84万元,三次产业比例为9.8∶45.2∶45,已进入产业结构优化升级的重要阶段。城镇化进程加快,2011年城镇化水平达到64.3%;新渔(农)村建设成效明显,人民生活显著改善,城镇居民人均可支配收入和渔(农)民人均纯收入分别达到30496元和16608元,渔(农)民人均纯收入增速位居浙江省首位;城乡居民收入比为1.84∶1,相对差距小于浙江省和全国平均水平。

民营经济雄厚,发展潜力巨大。"十一五"以来,民营经济对舟山市GDP增量、规模以上工业总产值增量的贡献率均达到60%以上。2011年民营经济占舟山市GDP比重达到65%,民营经济吸纳就业人员占全社会就业总量的88%。民营经济成为推动舟山群岛新区经济发展的主要动力,为加快渔(农)民转产转业、推进城市化建设和促进社会稳定起到了重要作用。

生态条件良好,人居环境秀美。舟山群岛新区风景秀丽,气候宜人,环境优美,是全国环境空气质量最好的城市之一,舟山市区空气质量好于和等于国家二级标准天数的比重年均达到99.4%以上。2011年，舟山市获得"国家卫生城市"称号，全市森林覆盖率稳定在50%以上，建成区绿化覆盖率达到40.7%，人均公共绿地面积15.8平方米，城市生活垃圾无害化处理率达到99%以上。

舟山群岛新区发展优势明显，同时也存在着重大交通基础设施建设滞后、土地等基础要素制约明显、国际化和专业化高端人才紧缺、金融和信息服务能力比较薄弱、陆海统筹发展体制机制有待创新等一系列突出矛盾和问题，需要在发展建设过程中不断加以解决。

第二节　战略意义

有利于打造国民经济发展的新增长极。充分借鉴深圳经济特区、上海浦东新区、天津滨海新区等地改革发展成功经验，着力构筑现代产业体系，积极促进经济发展方式转变，进一步提升综合实力和国际竞争力，努力将舟山群岛新区建设成为拉动长江三角洲地区乃至全国沿海地区经济发展的新引擎，为推进我国改革开放进程探索新路径,为优化东部沿海地区总体开发格局和促进国民经济又好又快发展注入新活力。

有利于构筑我国扩大对外开放的新平台。充分利用优越的地理区位和港航条件,加快建设国际物流枢纽,积极优化政策环境,不断创新体制机制,探索建立自由贸易园区,全力打造更富效率的交流平台和开放高地,有利于迅速提高舟山群岛新区的国际合作能力和辐射带动能力,进一步增强与世界经济的密切联系,积极拓展我国对外开放的广度和深度。

有利于为全国海洋经济科学发展提供示范。按照陆海统筹、人海和谐、创新驱动、集约高效的理念,在海洋资源综合利用、生态环境综合保护、海洋海岛综合开发、涉海事务综合管理等方面深入实践,更加突出科技创新,不断优化经济结构,着力推进绿色发展、循环发展、低碳发展,积极探索舟山群岛新区人口资源环境相均衡、经济社会生态效益相统一的发展路径,为我国海洋经济科学发展积累经验、提供示范。

有利于提高国家战略资源安全的保障能力。进一步提高港航物流服务能力,着力打造全国重要的铁矿砂中转贸易、煤炭中转加工配送、油品中转贸易储存、粮食中转加工配送、化工品中转储运加工、集装箱中转运输等一批基地,将舟山群岛新区逐步建成我国大宗商品储运中转加工交易中心,大幅提高我国战略物资储备保障能力,为国民经济持续平稳健康发展提供重要支撑。

第二章　总体要求

第一节　指导思想

高举中国特色社会主义伟大旗帜，深入贯彻落实科学发展观，以加快转变经济发展方式为主线，以推动海洋海岛综合保护开发为重点，以改革开放、先行先试为动力，统筹海洋与陆域、发展与民生、开发与保护、经济与国防，积极构建现代海洋产业体系，着力打造海洋科教人才高地，不断增强海洋文化软实力，努力实现舟山群岛新区建设的战略定位和发展目标，为推进我国东部沿海地区发展方式转变、促进全国区域协调发展、建设海洋强国做出更大贡献。

第二节　基本原则

尊重规律，科学发展。提高把握和运用市场

经济规律、自然规律、社会发展规律能力，遵循海洋开发特点，以科学规划为引领，以严格保护生态为前提，因岛制宜、逐岛定位、从容建设，统筹考虑开发时序、方式和强度，正确处理整体推进与重点突破、开发利用与生态保护、对外开放与国防安全等关系，不断提高科学发展水平。

先行先试，开放发展。充分发挥舟山群岛新区先行先试优势，在重点领域和关键环节实施创新突破，不断完善有利于海洋经济发展的体制机制，加快打造扩大开放的平台和载体，积极拓展发展空间，努力形成特色鲜明、优势突出的开发开放格局。

转型升级，高效发展。充分发挥科技创新和成果转化的引领驱动作用，不断提高资源利用效率和水平，推进海洋传统产业转型升级，加快培育海洋新兴产业，促进海洋经济结构优化和发展方式转变，全面提高海洋综合开发效率和效益。

陆海统筹，联动发展。高效整合陆海资源，广泛联系周边区域，构建陆海统筹的港口集疏运、能源供给、水资源保障、信息通信、防灾减灾等网络，努力实现陆海产业联动发展、基础设施联动建设、资源要素联动配置、生态环境联动保护。

生态优先，和谐发展。在推进海洋资源开发、海洋产业发展的过程中，高度重视海洋生态环境保护和海洋生态文明建设，保护和利用好珍贵的自然与文化遗产，促进人海和谐、永续发展。坚持以人为本、民生为重，不断提高人民群众的物质文化生活水平，确保人民安居乐业、社会安定有序。

第三节　战略定位

浙江海洋经济发展的先导区。充分发挥战略区位重要、海洋资源丰富等综合优势，加快构建现代海洋产业体系，迅速提高海洋经济的综合实力，将舟山群岛新区建设成为浙江省海洋经济开放水平最高、增长质量最好、产业结构最优、发展潜力最大的先导区域，为推动浙江省经济社会发展发挥重大的引领带动作用。

长江三角洲地区经济发展的重要增长极。加快构建国际物流枢纽和大宗商品储运中转加工交易中心，提高港口物流服务和战略物资保障能力；发展壮大港航物流、船舶制造、海洋工程装备、海洋旅游、远洋渔业等优势产业,将舟山群岛新区建设成为拉动长江三角洲地区经济发展的一个重要增长极。

海洋综合开发试验区。在海洋产业结构转型升级、临港工业优化布局、科教人才培育引进、生态环境科学保护、国际合作深化拓展、管理服务能力整合提升等方面大胆创新,建立健全协同高效的体制机制,积极创建海洋综合开发试验区,为全国海洋科学保护利用积累经验。

第四节　发展目标

立足综合优势,围绕战略定位,未来10到20年,舟山群岛新区要推进实现五个方面的总体目标:

大宗商品储运中转加工交易中心。将舟山群岛新区建设成为上海国际航运中心的重要组成部分和大宗商品储运中转加工交易中心,全力打造国际物流枢纽岛,进一步提高对国家战略物资供应安全的保障能力。

东部地区重要的海上开放门户。充分发挥舟山港综合保税区的功能、政策优势,集聚国际贸易、金融、航运、科技等方面的人才和资源，将舟山群岛新区打造成为对外开放门户岛，进一步提高我国东部沿海地区的对外开放水平。

重要的现代海洋产业基地。加快汇集产业、资金和人才，建设海洋科技研发和成果转化基地，发展技术领先、产品高端、特色鲜明的海洋产业集群，将舟山群岛新区打造成为海洋产业集聚岛，进一步提高我国海洋产业的总体实力。

海洋海岛综合保护开发示范区。统筹推进资源环境可持续开发利用，在严格保护风景名胜资源和符合风景名胜区规划的前提下，加强海洋旅游综合改革试验区、生态海岛城市建设，将舟山群岛新区打造成为国际生态休闲岛，进一步创新我国海洋海岛综合保护开发的体制机制。

陆海统筹发展先行区。站在全局和战略高度，综合考虑陆海资源配置、基础设施连通、产业项目对接、生态环境统筹等重大事项，推进魅力独具、山海兼胜、人海和谐的城市建设，将舟山群岛新区打造成为海上花园城，进一步探索陆海统筹发展的新路径。

围绕上述总体目标，舟山群岛新区发展的阶

段性目标为：

到 2015 年，大宗商品交易平台、海陆联动集疏运网络、金融和信息支撑系统"三位一体"的港航物流服务体系建设取得重大突破，现代海洋产业体系框架基本形成，产业空间布局更加合理，海洋生态环境保护能力持续加强。海洋生产总值年均增长 17% 以上。海洋科技创新成果转化体系、城乡一体化制度体系基本形成，教育现代化基本实现。区域性服务功能明显提升，海上开放门户作用明显增强，港口货物年吞吐量达到 4 亿吨以上。

到 2020 年，海洋生产总值年均增长 20% 左右，港口货物年吞吐量达到 6 亿吨以上。海洋经济竞争能力和辐射功能显著增强，海洋科技与产业化发展水平全面提升，海洋生态环境进一步改善。全面实现教育现代化，成为全国重要的海洋科技研发和成果转化中心。国际物流枢纽岛、对外开放门户岛、海洋产业聚集岛、国际生态休闲岛和海上花园城建设初具成效。

到 2030 年，开放型经济体系进一步完善，建成国际领先的现代海洋产业体系。人民生活富裕、人海关系和谐,经济社会综合发展水平走在全国前列。基本实现国家对舟山群岛新区发展的战略定位和发展目标。

第三章　空间布局

根据舟山群岛新区的战略定位和发展目标，依托独特的区位条件、资源禀赋、生态环境容量、发展基础和潜力，科学优化空间布局，充分发挥比较优势，着力构建功能定位清晰、开发重点突出、产业布局合理、集聚效应明显、陆海协调联动的"一体一圈五岛群"总体开发格局。

第一节　优化提升开发开放主体区域

舟山岛产业基础较好、城镇化水平较高，是舟山群岛新区开发开放的主体区域，也是舟山海上花园城市建设的核心区，要重点构筑"南生活、中生态、北生产"三带协调、功能清晰的发展格局。

南部花园城市带。依托定海、新城和普陀城区，扩大城市规模，提高城市品质，推进旧城改造，打通南部海岸城市发展走廊，联动开发南部诸岛。加快第二产业转移和第三产业培育步伐，发展以金融商贸、海事中介、医疗服务、研发创意、教育培训、休闲旅游、会展节庆等业态为主的现代服务业。

中部重点生态带。加强舟山岛中央山体生态保护，构筑绿色廊道，形成以山体为核心的指状绿地系统。结合水系设置沿河绿带，建设成带成片的城市结构性绿地与成网成园的生活型绿地。科学规划、合理开发，严格保护海岛生态景观和田园风光，切实维护自然生态系统平衡和海岛生态安全。

北部海洋新兴产业带。在小沙镇至展茅街道区域范围内，重点发展临港装备制造、海洋生物、海洋探测装备、高端海洋电子、水产品精深加工等海洋新兴产业，加快形成产业转型升级先导区和海洋新兴产业集聚区。

第二节 全力打造港航物流核心圈

岱山岛、衢山岛、大小洋山岛、大小鱼山岛和大长涂岛等是舟山群岛新区深水岸线资源最佳、发展潜力和空间最大的区域，是建设大宗商品储运中转加工交易中心的核心区域。

岱山岛近期积极发展临港制造业，远期规划建设大宗商品加工和区域性国际港航服务平台。衢山岛及周边的鼠浪湖、黄泽山等岛，规划建设国际燃油供应中心和矿砂、煤炭等大宗商品深水中转中心。大小洋山岛以集装箱运输、保税物流及相配套的加工增值综合服务功能为重点，建成上海国际航运中心港航配套服务中心。大小鱼山岛主要发展临港工业和大宗商品加工。大长涂岛主要发展原油储运。

第三节　积极构筑五大功能岛群

根据岛屿自身特点，合理确定主体功能和开发利用方向，培育形成内涵丰富、特色鲜明、布局合理的五大功能岛群，为舟山群岛新区全面发展提供重要支撑。

普陀国际旅游岛群。以普陀山国家级风景名胜区为核心，包括朱家尖岛、桃花岛、登步岛、白沙岛等。依托佛教文化，建设禅修旅游基地，加快形成世界级佛教旅游胜地；在符合风景名胜区总体规划等相关规划要求的前提下，重点开发游艇、邮轮、康体、滑翔、潜水、攀岩等旅游新业态和新项目，打造世界一流的海洋休闲度假岛群。

六横临港产业岛群。以六横岛为核心，包括虾峙岛、佛渡岛、东白莲岛、西白莲岛、凉潭岛、湖泥岛等。现有企业重点发展高端特种船舶，积极发展港口物流、大宗商品加工等临港产业和海水淡化、深水远程补给装备、海洋新能源等海洋新兴产业。

金塘港航物流岛群。以金塘岛为核心，包括册子岛、外钓岛等。重点发展以国际集装箱中转、储运和增值服务为主的港口物流业，打造油品等大宗商品中转储运基地，建设综合物流园区。

嵊泗渔业和旅游岛群。以泗礁岛为核心，包括嵊山岛、枸杞岛、黄龙岛等。推进中心渔港建设，加快渔业转型升级；发展海洋休闲旅游，建成集港口观光、滨海游乐、海上竞技、渔家风情、游艇海钓、海鲜美食于一体的渔业和休闲旅游岛群。

重点海洋生态岛群。以中街山列岛、浪岗山

列岛、五峙山列岛、马鞍列岛等为重点，推进海洋生态保护。加强对海洋生态环境的监控和保育，适度发展海洋渔业和海洋旅游业，加大渔业资源增殖放流力度，逐步实现海洋生态环境良性循环，打造各具特色的海洋生态岛群。

第四章　建设大宗商品储运中转加工交易中心

服务国家经济安全战略需求，建设大宗商品交易平台、海陆联动集疏运网络、金融和信息支撑系统"三位一体"的港航物流服务体系，打造国际物流枢纽，提高对内对外辐射水平，增强国家战略资源综合保障能力。

第一节　建设世界一流的大宗商品国际枢纽港

加快功能明确的岛链式国际深水港群开发，构筑大宗商品储运中转加工交易中心的坚实基础。在现有岙山、册子、马迹山、小洋山、凉潭、老塘山等港区的基础上，有序推进鼠浪湖、黄泽山、外钓等港点建设。重点开发衢山、大长涂、六横、金塘、大洋山和舟山岛北部等岸线，建设面向全球的深水化、专业化、规模化港区，推进宁波-舟山港一体化建设。到 2015 年，港口物流增加值占

GDP 比重超过 15%；到 2020 年，港口物流增加值占 GDP 比重超过 20%；到 2030 年，以一流的深水港优势、高效率的装卸装备、最具竞争力的物流成本，使宁波-舟山港成为世界一流的大宗商品国际枢纽港。

第二节　全面提升大宗商品储运中转加工能力

集约利用深水泊位，积极打造全国重要的油品、液化天然气（LNG）、铁矿砂、煤炭、粮食、化工品等大宗商品储运中转加工交易基地。坚持商用储备与国家储备并举，集聚一批实力强、影响大的仓储物流企业，按照统筹规划、节约集约用地原则，在金塘、洋山、六横、老塘山、衢山等地规划建设物流园区。适应国际集装箱船舶大型化发展趋势，有序推进专业化、规模化集装箱港区建设，规划建设金塘、六横和大小洋山等集装箱码头，打造以"水水中转"为特色的集装箱转运基地。按照市场需求，选择大鱼山等合适岛屿布局建设岛屿型、现代化、规模化的临港工业和大宗商品加工项目。

第三节　构筑大宗商品交易中心

逐步建成我国重要的大宗商品交易中心，形成"舟山价格"、"舟山指数"，不断提高在国际大宗商品市场中的影响力。创新交易中心核心功能、交易与结算模式及上市交易品种，加快形成油品、LNG、铁矿砂、煤炭、粮油、化工品、钢材、水产品等大宗商品交易市场体系，建成国际性大宗商品综合交易、结算和定价中心。完善大宗商品交易平台配套服务，搭建货物交易及运输一体化平台，促进经纪人市场化发展。推动政府和各类企业间信息共享互联，加强口岸、金融、信息服务支撑体系建设，发展大宗商品现货交易及分拨、配送业务，增强港口物流功能。培育、引进一批大宗商品国际运营商、贸易商、期货经纪商及会计、法律、结算等机构，提高大宗商品贸易现代化水平。建设国际粮油及水产品集散中心。支持符合条件的企业按程序申请开展保税油供应业务，逐步提高对国际性船舶加油补给服务能力，努力打造衢山港区船用燃料油供应基地。

第四节　发展大宗商品航运服务业

优化整合大型运输船队，鼓励参与国家战略物资一程运输，拓展国际一程运输市场。推进我国"海进江"二程运输船队建设，打造国家江海联运枢纽。积极推进中国（舟山）海洋科学城港航综合商务区和小干岛海上金融商务区建设，集聚涉港涉海现代服务业，积极发展船舶融资、航运租赁、金融仓储、航运结算、航运保险等业务。发展船舶管理、海事服务、人才中介、资格认证、咨询评估、会计审计等配套服务，吸引相关的律师事务所、理算师机构、海事仲裁机构、船级社等入驻，建设功能完善、交易规范、辐射全国的船舶交易平台。构筑航运公共信息平台，提高舟山群岛新区的航运影响力。

第五章　建设东部地区重要的海上开放门户

顺应经济全球化、贸易自由化大趋势，全方位提高对外开放水平和层次，加快建设舟山港综合保税区，条件成熟时探索建立自由贸易园区和自由港区，将舟山群岛新区建设成为我国重要的海上开放门户。

第一节　拓宽对外开放领域

扩大口岸开放范围。研究简化口岸开放程序，探索扩大新区政府口岸管理事权。完善口岸管理机制，加强跨区域口岸合作，深入推进舟山群岛新区与内陆省份区域通关改革。探索建立适应舟山群岛新区特点的口岸监管模式，科学规划口岸查验机构的布局和设置，合理配置查验机构和人员编制，加大口岸基础设施建设投入，推动电子口岸建设，提升口岸监管、查验效能，提高通关效率。

优化开放环境。积极创新旅游政策，发展邮轮经济，积极为国际海员、国际邮轮游客和国际旅游团队游客提供出入境签证便利。研究舟山机场开放和扩容，开辟国际航线航班或包机航线航班。发展直升机、水上飞机等通用航空。支持开展国际游艇及游艇装备交易业务。允许国际邮轮或邮轮公司在舟山群岛新区登记注册，开展经批准的国际航线邮轮服务业务。

做强开放型经济。切实转变外贸发展方式，推进舟山船舶出口基地及水产品外贸转型升级示范基地建设。大力发展进口贸易和转口贸易，建设我国重要的商品进出口基地。创新招商引资体制机制，优化利用外资结构，更多发挥外资在推动产业升级等方面的积极作用。

第二节　提升对外开放层次

加快建设舟山港综合保税区。按照"一区两片"架构规划建设舟山岛片区和衢山片区，重点发展海洋工程装备部件、船舶配件、电子产品、精密机械、国际服务外包和海洋生物医药等产业的保税物流、加工及相关增值业务。

探索建立舟山自由贸易园区。加快建设大宗商品储运中转加工交易中心，推进国际化市场体系建设，条件成熟时探索建立自由贸易园区，推动贸易投资便利化。

逐步研究建设舟山自由港区。在探索建设自由贸易园区的基础上，充分借鉴国际先进经验，全面推进贸易投资便利化，切实提高资源配置能力和对外开放水平，积极创造条件，在舟山群岛新区进行建立自由港区的改革探索。

第三节　创新区域合作模式

积极创新合作模式，加强与各个国家和地区的经贸合作。推进与香港、澳门、台湾等地区在金融、航运、现代海洋产业等方面的对接，深化交流合作。支持各类产业园区深入挖潜，优化调整结构，推行园中园和一区多园模式，建设特色海洋经济合作园。加强与东北亚主要国家和地区在海事、海警、渔业、海上搜救等方面的合作，健全海上突发事故联合应急体系，共同提高航海保障、海上救生和救助服务水平。

第六章　建设现代海洋产业基地

围绕建设具有国际竞争力的现代海洋产业基地，加快培育海洋新兴产业，大力发展海洋服务业，改造提升传统海洋产业，做大做强一批具有区域特色和发展潜力的海洋支柱产业。

第一节　海洋工程装备与船舶产业

大力发展海洋工程装备制造业。依托现有基础，建设海洋工程装备修造基地，培育国际领先的海洋工程装备制造业，大力发展深水勘探、深水生产、远洋应急救援、深水远程补给等装备产品。加强国内外合作，引进国际先进技术，重点发展自升式钻井平台、深水半潜式平台、浮式生产储油装置以及海洋工程装备关键系统和配套设备，提高本土化率，促进动力和配套装备技术跨越发展。

整合提升船舶工业。以大型集装箱船、大型液化石油气船、液化天然气船、豪华邮轮、游艇、远洋渔船、特种船舶等高技术、高附加值船舶为重点，集中力量研发现代造船技术，开发绿色环保新船型。积极发展大型甲板机械、舱室设备、船用通讯导航及自动化装置、船用电子产品等船配产品，加快关键产品国产化进程。提高绿色节能环保船舶修理改装和拆解能力。

第二节 海洋旅游产业

坚持国际化、精品化、标准化导向，以推进国家旅游综合改革试点城市和舟山群岛海洋旅游综合改革试验区建设为契机，积极引进旅游新业态、新产品，努力打造国际著名的群岛型海洋休闲旅游目的地和世界一流的佛教文化旅游胜地。

优化产业布局。加快推进旅游设施建设，率先把普陀山岛、朱家尖岛、桃花岛、嵊泗列岛等建设成为世界级海洋休闲度假胜地，推进东极、白沙、徐公等岛屿实施组团式开发，形成主题鲜明、各具特色的海洋旅游岛群。

完善产品体系。打造精品旅游线路，大力开

发旅游新业态、新产品，着力发展观音文化、山海景观、渔村风情、滨海度假等特色旅游，深入推进邮轮、游艇、海钓、康体、禅修等时尚旅游，建设海洋文化主题旅游岛屿，提高旅游产品质量和国际化水平，形成以海岛休闲度假和佛教文化旅游为核心的产品体系。

推进综合配套改革。深化旅游管理体制机制改革，推进海洋旅游服务标准化体系建设。开辟朱家尖至台湾海上航线。支持发展邮轮产业，建设舟山邮轮母港，允许境外邮轮公司注册设立外商投资企业。

> **专栏1：**
>
> **海洋旅游业重点项目**
>
> 打造嵊泗列岛、普陀山-朱家尖-桃花-沈家门、岱山蓬莱仙岛和定海古城四大旅游集聚区。加快推进朱家尖自在岛、海岛体育公园、国际邮轮码头和游艇基地等新业态项目。建设泗礁岛、徐公岛和定海古城等一批旅游综合开发项目。

第三节　海洋资源综合开发利用产业

促进东海油气资源和大洋勘探开发，积极发展海洋新能源，大力推进海水综合利用，切实提高海洋资源综合开发利用效益。

积极利用东海油气和深海矿产资源。建设东海油气登陆、中转、储运、加工基地及作业补给、装备供应等后方服务基地，增强东海油气开发后方支持能力。设立大洋勘探基地，加强大洋深海资源及相关科学研究，积极建设海洋环境探测与监测、海洋资源勘探与利用、深海作业等领域的技术研发和装备制造基地，扶持发展大洋勘探开发业。推动建设远洋矿产资源接收储运与研发加工基地，提高深远海矿产资源开发和战略性资源接收储运加工能力。

开发利用海洋新能源。以嵊山、摘箬山、东极等海岛为主，建设具有示范意义的清洁能源岛，积极推进海上风能、太阳能、波浪能等新能源耦合开发与应用，推进风能、太阳能、柴油发电及储能蓄电池等综合利用工程。探索潮流能、潮汐能规模化开发，扩大海洋能利用范围。积极开展天然气水合物的勘查和开发利用研究。

大力推进海水综合利用。积极发展海水淡化及综合利用产业，加快建设海水淡化示范城市。将海水淡化作为水资源的重要来源，高耗水工业项目要优先使用海水淡化水作为工业用水水源；积极开展海水淡化水进入市政供水系统试点工作，在满足相关指标要求、确保人体健康的前提下，允许海水淡化水依法进入市政供水系统。鼓励海水直接利用和循环利用。

专栏2：

海洋资源综合开发利用产业项目

建设摘箬山岛清洁能源研发试验基地、长白岛清洁能源综合应用示范岛、长峙岛光电应用示范岛、龟山航道潮流能研发及产业化基地、舟山近海风电场、六横海水淡化以及LNG发电厂等项目。

第四节 海洋生物产业

以舟山海洋生物医药产业园为主平台，积极整合科技资源，营造创新环境和条件，培育形成一批骨干企业集团,打造我国重要的海洋生物产业集聚地。加快海洋生物药物关键技术的研发与突破,深化研究海洋生物活性物质的机理、功能和提取技术,研制一批有特色、高效能的海洋生物药物。建设舟山海洋生物医药检测和研发服务中心,加强海洋生物保健品、功能性食品、生物功能材料、海洋生物酶制剂的研发,力争突破以海洋生物为原料的饲料添加剂、生物农药与肥料产业化关键技术,推动深海生物基因利用。

第五节　现代海洋渔业

坚持"沿岸保护、近海恢复、远洋开发",大力发展现代渔业,重振舟山渔业辉煌,提升"中国渔都"国际影响力。

海洋捕捞与海水养殖。优化海洋捕捞作业结构,科学控制近海捕捞强度。积极打造设施先进、装备精良的现代化远洋渔业船队,加快推进远洋渔业基地和海外远洋渔业基地建设,完善配套服务,巩固全国远洋渔业强市地位。保护和修复沿岸渔场,发展海洋生物育种,推广高效、生态、安全、集约的海水养殖模式,建设海洋牧场。

水产品精深加工和贸易。充分利用国内外渔业资源，加强科技攻关和技术改造，以精深加工、高值化加工及副产物综合利用为重点，提升海洋水产品加工和安全控制技术水平。以中心渔港、一级渔港为重点，综合发展二、三产业，大力发展渔港经济，打造功能齐全、产业发达、全国一流的渔港经济区。做大做强中国舟山国际水产城，发展多功能社会化的水产专业物流配送中心，推进水产品市场升级和信息化系统建设，打造国际化水产品贸易平台。

> **专栏3：**
>
> **现代海洋渔业重点项目**
>
> 推进中国舟山国际水产城改造提升工程，建设国家远洋渔业基地，壮大远洋渔业船队。建设衢山、嵊泗、虾峙等重点渔港，培育壮大沈家门、高亭、菜园、西码头、嵊山、台门、虾峙等渔港经济区。发展一批高效、生态、优质养殖示范基地。

第七章 建设海洋综合开发试验区

赋予先行先试的特殊政策,从更深层次、更广范围、更高水平推进舟山群岛新区体制机制创新,营造有利于改革发展的良好体制政策环境。

第一节 创新用地用海管理体制机制

创新土地利用管理模式。规范推进陆海统筹试点和土地利用总体规划评估修改试点工作,合理调整土地利用规模、结构、布局和时序,结合实际积极探索节约集约用地、保护耕地的土地利用方式。在确保全省耕地保有量和基本农田保护任务的前提下,适应舟山群岛新区建设需要,合理调整基本农田保护任务和布局。对舟山群岛新区建设用地计划指标实行差别化管理,首期新增建设用地规模控制在80平方公里以内,严格按照土地利用总体规划组织建设,确需增加建设用地规模的，依法定程序报国务院批准。对大宗商品中转储运、现代海洋产业和海洋资源综合开发利用等项目用地给予适当倾斜，支持科学开发、集约用地。引入市场机制，鼓励民间投资参与土地整理复垦开发，增加补充耕地数量，按照浙江省有关规定有偿转让补充耕地指标，落实耕地占补平衡。国家、省级重点建设项目及本规划确定的建设项目，经评估省域内确实不能平衡的，可以开展国家统筹补充耕地试点。

加强对科学用海的支持。改进海域使用权登记管理制度，搭建海域使用权储备交易平台，逐步推行海域使用权招拍挂制度。加强海洋功能区划与土地利用总体规划、城市总体规划修编衔接，开展凭海域使用权证书按程序办理项目基本建设手续的试点，做好海域使用管理与土地管理的衔接，加强无居民海岛规划与管理。按照海洋功能区划明确的功能定位和管理要求，根据舟山群岛新区开发实际，合理安排围填海年度计划指标，优先保障舟山群岛新区项目建设用海，对列入国家和省重点的建设项目，开辟用海审批绿色通道，简化用海用岛审批程序。完善海域使用制度,规范征占用海程序,严格保护渔业生产与渔民权益。

第二节 创新金融和投资体制机制

完善金融机构。研究设立舟山船舶金融租赁公司。放宽外资金融机构经营准入,支持符合资质要求的外资航运保险公司设立营业机构,允许符合条件的外资银行在舟山设立分支机构、经营人民币业务。建立大宗商品贸易结算中心,按规定开办跨境贸易结算、离岸金融业务、离岸服务外包业务,支持保险公司在舟山群岛设立营业机构,开办航运保险业务。积极引入或支持国内外大型金融企业在舟山群岛新区建立支持海洋经济发展的业务中心总部。支持各类金融机构在舟山群岛新区设立或转型成服务海洋经济发展的专业性分支机构。在保持县市法人地位总体稳定的前提下,推动农村信用社、农村合作银行改制为农村商业银行,支持依法设立村镇银行,允许符合条件的小额贷款公司按照有关规定申请改制设立村镇银行。

创新金融产品和服务方式。实行更加开放

的金融政策，积极探索大宗商品、航运等领域的金融产品，增强促进海洋经济发展的金融服务功能。积极争取国内政策性贷款和国际贷款，鼓励金融机构对海洋经济重点领域、重点项目、重点企业积极提供必要的融资支持。支持设立舟山群岛新区基础设施建设基金。围绕海洋产业发展导向，大力发展金融租赁、信托等非银行金融业务，支持符合条件的企业在境内外证券市场上市融资和发行企业（公司）债券、可转换债、短期融资券、中期票据等债务融资工具。探索实施沉船沉物清除打捞强制责任险，创新海事责任保险。加快健全社会信用体系，建设中小企业信用信息数据库和中小企业信用体系试验区，推动信用评级的应用，加强金融监管，防范金融风险。

创新投资体制。享受省级外商投资审批权限。加大对舟山群岛新区基础设施、环境保护、社会事业等领域重大项目建设的支持力度。

第三节 完善财税支持政策

健全县级基本财力保障机制，加大奖励力度，支持舟山群岛新区提高基本公共服务水平和财政保障能力。加大边境地区转移支付等相关资金支持力度，加强边远海岛基础设施、社会保障、基础教育、公共卫生等领域建设。进一步加大对海洋生态环境保护、防灾减灾、基础设施建设等公益事业领域的投入力度。探索通过财政补贴、政府采购、税收减免等措施，支持海洋经济等新兴产业发展。国家在港口建设费政策上给予倾斜，支持港航物流服务体系建设和航运支持保障系统建设与维护。贯彻落实支持远洋渔业发展的有关税收政策，实行现行中资"方便旗"船税收优惠政策。

第四节　鼓励民营经济发展

全面落实国家支持民营经济发展、鼓励和引导民间投资的政策措施，凡国家法律法规未禁止进入的行业领域，民营企业均可进入。鼓励民营企业和民间资本投资基础设施、公用事业、金融服务等领域。推进民营企业通过并购重组做大做强，研究制定土地、税收、信贷等方面的激励政策。支持民间资本根据有关规定发起或参与设立中小金融组织，允许组建专业性民营担保公司，开展涉海中小企业联保贷款试点。探索建立民间融资备案管理制度，将非持牌类金融组织纳入监管轨道。鼓励民营企业投资海洋新兴产业，引导民间资本向园区和重点产业集聚。支持民营企业推进海洋科技创新、管理创新和市场创新。完善创新成果产业化项目扶持政策。建立民营企业与外资对接的科技与人才服务平台，支持有条件的民营企业到境外设立、兼并和收购研发机构。

第五节　推进统筹城乡综合配套改革

围绕渔（农）村产权制度、户籍制度等重点领域，开展各类配套改革试点工作。加快推进农村土地、房屋等各类产权的确权登记颁证，积极引导确权后的产权交易流转，探索建立农村土地承包经营权、渔（农）村宅基地和集体建设用地产权交易平台和市场化流转办法。组织实施农村土地综合整治示范工程，以乡镇为单位，积极尝试宅基地跨村使用。优化海岛城乡建设用地空间布局，研究低丘缓坡土地综合开发利用新模式。

立足海岛特色，积极发展蔬菜、瓜果、花卉、苗木、畜禽养殖等特色农业，不断提高生产水平和产品档次，实现精品化、专业化发展。扩大农村有效抵押物范围，加大"三农"信贷投入，切实增加农村金融供给。进一步放宽"农转非"的条件，加快消除人口自由流动的体制障碍，完善以经常居住地为户口登记的基本形式，加快构建城乡融合的户口管理制度。完善渔（农）业经营管理体制机制，实现市场化、规模化、效益化。提高供给能力和服务水平，促进城乡基本公共服务均等化。

第六节 创新行政管理和海洋管理体制

创新行政管理体制。赋予舟山群岛新区省级经济社会管理权限，设立浙江舟山群岛新区管委会，探索建立与舟山群岛新区建设发展相适应，与行政区划相协调的机构精简、职能综合、结构合理、运行高效的行政管理体制。精简审批程序和环节，建立公开透明、规范便捷的审批制度，提高行政效能。

创新海洋管理体制。发挥海洋、海警、海事

等涉海部门的职能作用,探索建立海洋联合执法、海洋海岛综合开发与保护等领域的综合协调机制。加强执法队伍和装备建设,完善海上执法预警系统和应对海上突发事件快速反应工作机制,形成统一高效的联合执法体制。

第八章　建设陆海统筹发展先行区

推进陆海联动重大基础设施建设,实施陆海污染同防同治,加强国内区域合作,提高产业对接和互补发展水平,探索海陆统筹发展新模式。

第一节　建设陆海联动的基础设施体系

坚持陆海联动,加强综合协调,统筹布局交通、水利、能源、信息、防灾减灾等重大基础设施,为舟山群岛新区发展提供保障。

完善综合交通网。进一步推进连岛通道建设,加强与上海、宁波快速便捷的陆岛交通联系。规划建设宁波-舟山港六横梅山疏港公路等项目,建成主要大岛环岛公路,规划研究宁波-舟山铁路。优化港口集疏运基础设施,加大国省道改造力度。建设大型专业化铁矿石、油品接卸及转运码头,支持符合条件的货主码头改建为公共码头,提高泊位利用效率。加强重要航道、锚地、引航基地的规划建设。推进舟山机场扩能改造，加密通向国内主要城市的航线航班，适时开辟港澳台和国际客货运航线。加快推进低空开放，提高岛际旅游、紧急救助配套服务能力。

完善能源保障网。根据实际需要，科学谋划布局电源点和电网建设，提高能源保障能力。推进六横电厂、舟山电厂二期等电源工程建设，规划建设LNG发电厂，完善独立海岛离网能源保障系统。加快建设220千伏舟山与大陆联网第二通道和500千伏舟山输变电工程，加快完善舟山岛与主要大岛的220千伏电网主骨架，加快形成厂网协调、电压等级匹配的电网网络。建设舟山岛-岱山岛-衢山岛-小洋山岛-泗礁岛的多端柔性直流输电工程。

完善水资源利用网。实行最严格的水资源管理制度，推进水资源全面节约、高效利用和合理配置。严格保护海岛水源地，因地制宜建设海水淡化、大陆引水等工程，进一步完善以本地水资源、大陆引水和海水淡化为重点的供水水源系统，加强引水调水、应急供水和抗旱水源工程建设，提高供水能力和水资源开发利用效率。加快建设大陆引水三期工程和嵊泗大陆引水工程，建设一批岛际引水、本地蓄水、海水淡化、中水回用和雨水利用项目，增强水资源保障能力。加强饮用水源保护，加大节水技术和供水厂网建设改造力度。

完善海洋信息网。引入新的通讯和信息技术，提升物流、航运信息服务水平。建设海洋空间基础地理信息系统和海洋信息服务平台，构建海洋立体观测体系，重点加强面向海洋保护、海洋防灾减灾的动态监测网络与评价能力建设。

完善海洋防灾减灾网。开展气象、地质、海洋灾害预警监测，推动建立区域共同防范自然灾害的长效机制。提升海上安全生产、环境保障服务和应急救助信息化水平，规划建设避灾避难安置场所和救灾物资储备仓库，提高海上救助服务能力。开展海洋灾害风险评估与区划工作，加强海洋防灾减灾应急指挥能力建设。开展警戒潮位核定工作，完善沿海防潮体系，实施标准化海塘工程、山塘除险加固工程、城市排涝工程、渔港避风港工程，提高海岛防潮、防洪和抗旱能力。

继续推进标准渔港建设，进一步抓好防台风设施建设。加强海平面上升影响调查及评估工作，健全沿海防护林体系，提升海岸防护能力。

第二节　加强陆海污染综合防治

扎实推进环境保护，着力调整产业结构，加大落后产能淘汰力度，新建项目按照最严格的环保要求配套建设治污设施。加强沿海城镇和临港工业区污水处理设施建设，完善配套管网，实现污水集中处理和达标排放，大幅提高中水再生利用水平。合理规划建设垃圾分类收集系统、转运系统和综合处理系统。加强海岸（洋）工程、陆源入海排污口和船舶污染监督监测力度，实施海洋开发利用活动污染物排放和海洋倾废总量控制，推进陆海污染同步监督防治。探索建立实施海洋环境容量和重点海域污染物总量控制制度。加强渔船污染物排放管理，严格控制船舶污染物排放，完善港口船舶污染物接收处置设施，健全指定区域内船舶污水禁排政策，加快建设防溢油应急体系和基地。强化海洋环境风险管理，加强项目海洋环境风险防控评价。优化现有油品码头空间布局，从严控制新建油品码头等高风险、高污染项目，对沿海布局的石化、油储等环境高风险源，划定海洋环境缓冲区，保证安全防护距离。强化港区风险防范力度，健全环境风险防范体系。建立和完善海洋环境立体监测、废弃物海洋倾倒监管、海洋自然灾害及海上突发事件响应等机制，推进涉海环境联合执法和跨区域海洋污染防治。

支持舟山群岛新区加快发展，对单位GDP能耗指标和污染物排放指标实行差别化政策，涉及国家重点布局的火电、石化行业重大项目的排污总量指标采取一事一议原则，支持在企业集团内统筹解决，其他重大项目排污总量指标，由省内统筹解决。

第三节 加强国内区域合作

加强与上海、宁波的深度合作。围绕共同建设上海国际航运中心，进一步完善上海、宁波、舟山三地港口合作机制，加快宁波-舟山港一体化进程。舟山群岛新区主动接受上海、宁波辐射和带动，深化在产业、金融、科技、人才、信息、政策、资源、基础设施等领域的全面对接与合作，实现资源共享、优势互补、差异竞争、共同发展。联合推进小洋山北侧陆域综合开发和洋山深水港建设，加强与宁波在陆向通道、供水、能源等重大基础设施建设方面的互连对接和统筹谋划。加强海洋生态环境联合保护，建立海洋环境监测和灾害预防合作机制，深化海洋生态修复合作，共享蓝色海洋。

加强与长江三角洲地区的广泛对接。加快铁路、高速公路、航道建设，推进长江三角洲地区交通网络一体化。重点加强在旅游、金融、信息、人才等领域的交流合作，协同建设长江三角洲地区统一开放的市场体系和涉海公共服务体系。统筹制定和实施江海一体的水环境综合治理规划，标本兼治，江海联动，逐步修复河流生态系统，共同改善长江下游及近岸海域水质。

加强与内陆地区的互补发展。广泛吸引内陆地区以各种形式参与舟山群岛新区建设，规划建设海洋产业合作发展示范基地，优化资源配置，细化相关政策，重点解决内陆企业在项目用地、技术人才等方面需求，为合作发展创造良好条件。

第九章 建设海洋海岛综合保护开发示范区

坚持开发与保护并重，全面加强海洋海岛资源管理，形成资源节约型、环境友好型的发展方式和消费模式，整体推进舟山群岛新区海洋生态文明建设。

第一节 创新海岛保护开发模式

制定实施海洋功能区划、生态环境总体规划、重要海岛开发利用与保护规划、主要岛屿近岸海域环境保护规划、无居民海岛保护与利用规划及风景名胜区总体规划，实行岸线、海岛分类指导与管理。科学确定海岛主体功能，对具备开发基础条件的重要海岛，强化开发建设过程中的保护，实现环境保护、水土保持设施与推进主体功能建设同步。对暂不开发的岛屿，科学规划生态保育模式，预留发展空间。治理水土流失，保护水土资源。合理规划开发海岛岸线资源，实现港口差异化发展，提升规模集聚效益。切实加强自然岸线、岛礁海湾、海岛植被和海洋生态保护，创建生态和谐、山水秀美、人海亲近的群岛型花园城市。

第二节　科学开发海域资源

保护和改善生态环境的前提下，通过滩涂围垦、盐田废转等方式，科学开发利用海域资源。科学论证、合理推进围填海工程，加快推进大小洋山、六横、金塘、岱山等围填海工程，研究推进衢山、泗礁、鱼山、大长涂等围填海工程。在科学论证评估的基础上，引导鼓励人工促淤，提高滩涂自然淤涨速率，保持海域资源保护和开发利用间的平衡，严格保护滩涂资源。

第三节　推进海洋生态保护与修复

加强海洋资源保护与管理。实施重大海洋生态保育工程，推进受损海岛及周边海域生态系统修复，实施渔业资源养护、湿地保护与修复和海域生态保护计划。推进建设五峙山等自然保护区，加强领海基点海岛保护，加大海洋自然保护区和海洋特别保护区建设力度。加强滨海湿地及附近海域的生物多样性保护，加强湿地保护和生态修复，加大对外来入侵物种的防控力度。建立重要湿地生态保护区，推进以滨海湿地、海蚀海积地貌、花岗岩地貌为特色的生态公园建设。加强风景名胜区保护，严格控制建设项目，对部分景区实行"轮休"或"限流"措施，确保海洋旅游业可持续发展。加强对海上采砂、滩涂围垦等涉海项目工程监管，有效保护海洋环境。

加大舟山渔场保护力度。以舟山及附近海域为重点，实施舟山渔场振兴工程，加强生态修复和资源恢复力度，科学开展人工鱼礁设置、海藻场培育、栖息地环境改造和增殖放流。设立带鱼等种质资源保护区、增殖放流保护区、人工鱼礁建设区，加大重要经济动物繁殖、索饵、洄游与栖息地保护力度。优化休渔期制度和禁渔区制度，恢复舟山渔场渔业资源生成量。

第四节 大力发展循环经济

构建海洋产业循环链，提高资源产出率，从

源头控制污染物的产生和排放。鼓励海岛电力生产企业利用余热生产工业用途的淡化海水，实现余热的回收再利用。探索建立可再生能源发电-海水淡化-浓海水晒盐或盐化工等产业发展模式。在水产加工、船舶修造、海洋工程装备等行业推进产业循环式组合。探索开展碳汇农业和碳汇渔业试点。

第五节　建设生态功能网络

围绕山、林、岛、海等要素，构建"一核一廊多片"的生态功能网络。"一核"指舟山岛山体生态保护区，"一廊"指沿金塘岛-册子岛-舟山岛-朱家尖岛的生态走廊，"多片"指分布于城乡的成片绿地和各类生态功能保护区。重点加强海洋自然保护区、海洋特别保护区、重要渔业资源保护区、生物物种自然保护区、风景名胜区、饮用水水源保护区、滩涂湿地保护区、生态公益林保护区和基本农田保护区的保护与建设，推进城镇景观林带、沿海防护林体系建设，完善生态安全保障体系，积极打造"绿色舟山"、"美丽海岛"。

第十章　建设海洋科教文化基地

大力实施科技兴海战略,加强海洋科研创新与成果转化,提升海洋文化软实力,加快建设中国(舟山)海洋科学城,构筑我国重要的海洋科教文化基地。

第一节　建设国家级海洋科教基地

增强海洋科技创新和转化能力,大力发展教育事业,建设人才集聚高地,提升海洋科技综合实力。

增强海洋科研创新和转化能力。加强中国海洋科技创新引智园、国家海洋科技国际创新园等科技创新载体和平台建设,全面提升海洋科技攻关、成果转化和服务水平。扶持建设一批海洋科研基地和孵化器,培育海洋领域重点实验室(工程中心),加快国内外重大海洋科研成果转化落地，构筑我国新兴海洋科技研发转化基地和深海研究实验平台。加快建设科技创新载体，支持涉海企业会同科研院校，在船舶与海洋工程装备、海水综合利用、海洋生物医药、海洋勘探开发、海洋能等领域，联合组建创新战略联盟。完善海洋科技信息、技术转让等服务网络，促进创新成果转化，规划建设海洋技术交易服务与推广中心。利用物联网、云计算和智能终端等现代信息技术，加快海洋信息网络建设，积极发展海洋电子信息产业，努力打造"智慧舟山"。

加快实现教育现代化。坚持教育优先发展战略，推进体制机制创新，着力提高教育国际化水平。围绕全面实现教育现代化目标，推动形成公平普惠、优质均衡的义务教育新格局。加快发展海洋职业教育，加强涉海职业学校建设，培养应用型人才，办好浙江国际海运职业技术学院，建设渔民转产转业培训和国际海员培养基地。高水平发展海洋高等教育，积极引入国内外知名院校，把舟山建设成我国重要的海洋高级人才培养基地。支持浙江大学与舟山开展全面合作，在舟山群岛新区建设高水平、高起点海洋类学院。按照国家

"十二五"高校设置方针和政策，支持浙江省优化高等学校布局，加大投入，积极创造条件，努力把浙江海洋学院发展为海洋类大学。加快教育信息化步伐，完善教育经费保障机制。

打造海洋人才高地。建立健全人才培养、引进、激励机制，建设我国海洋高端人才聚集地和人力资源富集区。建立海洋人才梯度培养机制，实施企业经营管理人才素质提升工程、海洋新兴产业人才储备工程、国际海员培养基地推进计划和海洋技能人才培育工程。加大海洋人才引进力度，优先引进高层创业、高端创新、高级管理人才，积极实施现代海洋物流高端人才开发计划、舟山群岛"千人计划"等重点工程，探索建立"海洋创新人才特区"。坚持招才引智与招商引资并重，完善人才创新创业服务体系和激励机制，带动资金、技术以及人脉集聚。

第二节　建设海洋文化名城

整合提升佛教文化、渔业文化、民俗文化、海岛文化等，形成特色鲜明的舟山海洋文化，推进建设海洋文化名城。巩固国家卫生城市创建成果，积极创建全国文明城市。完善公共文化服务体系，加快建设和提升博物馆、展览馆、影剧院等公共文化设施，积极完善基层公共文化设施和服务网络。积极保护舟山历史文脉，深度挖掘海洋人文资源，创作一批海洋文化精品。推进文化与产业、资本、科技深度融合，大力发展旅游、节庆、会展、创意等文化产业，规划建设国内一流的海洋文化特色公园。

第十一章　建设文明富裕的和谐海岛

围绕建设繁荣、富裕、幸福、稳定的和谐海岛，着力改善民生，创新社会管理，推进军民融合发展。

第一节　全面提高民生保障水平

提高城乡就业水平。建立市场化的就业促进机制，健全公共就业服务体系。完善创业扶持政策，加强创业培训和渔（农）民转移就业培训。发挥政府、工会和企业三方机制作用，构建和谐劳动关系。

提高居民收入水平。实现城乡居民收入与经济发展同步增长，健全工资收入分配制度，统筹协调机关、事业单位和企业工资收入分配关系，千方百计增加渔（农）民收入，及时提高最低工资标准。逐步缩小不合理的收入差距，提高中等收入者比重，形成公正合理有序的收入分配格局。

提高社会保障水平。完善社会保障制度体系，健全基本养老、基本医疗、失业、工伤、生育等社会保险和最低生活保障等社会救助制度。扩大城镇基本养老保险覆盖范围，健全新型农村社会养老保险制度。巩固提高基本医疗保险参保率，扎实推进城乡统筹，提高保障水平，有效降低群众就医负担，完善惠及城乡居民的基本医疗制度。加强住房保障体系建设，大力发展公共租赁住房，继续推进廉租住房、规范发展经济适用住房。

提高全民健康水平。加强城乡专业公共卫生体系建设，建立疾病预防控制联防联控机制，优化医疗卫生资源配置，积极推进公立医院改革，加强城乡基层医疗卫生队伍建设，有效提升医疗卫生服务水平和效率。逐步建立城市医院与社区卫生服务机构、渔（农）村医疗卫生机构分工协作和对口支援机制，形成结构合理、分工明确、运转有序的医疗卫生服务体系。

提高居住环境质量。加强污染治理，推行清洁生产，全面落实节能减排政策措施，确保主要污染物排放总量完成国家和浙江省下达的控制目标。全面推进城乡环境卫生整洁行动，全力创建国家环保模范城市，不断改善城乡人居环境。

第二节 加强和创新社会管理

深入开展"网格化管理、组团式服务"工作，坚持抓本治源，建立完善多元化的矛盾化解机制，积极预防和妥善处置各类群体性事件。改善流动人口服务管理，做好特殊人群的帮教管理工作。加强对涉及群众生命、财产安全的食品药品和重点产品质量安全监管，提高突发公共卫生事件处置能力和公共卫生应急保障水平。加强预防预警和应急处置体系建设，增强有效应对各种自然灾害、事故灾难的能力。改进沿海边防治安管理服务，加强预防打击偷渡、走私等违法犯罪工作。加强社会治安综合治理，进一步健全社会治安防控体系，扎实推进平安海区建设，依法严厉打击各种犯罪活动，维护国家安全和社会稳定，保障人民群众安居乐业。

第三节 推进军民融合式发展

统筹经济建设和国防建设，积极创建军民融

合式发展示范区。在确保军事设施和军事行动安全保密的前提下，扩大舟山对外开放区域。坚持平战结合、军民结合，建立军民融合发展沟通协调机制，制定专项规划，充分发挥军地双方优势，在军地互通领域加强资源开放共享，在重大工程建设中贯彻军事需求。深入论证口岸开放、重大项目建设等对国防军事安全可能产生的影响，采取必要的安全防护措施。按照"分级分类、确保重点"的原则，依法实施军事设施保护、适当调整与申请报废。加强军警民联防，发挥部队在海洋监测、水下扫测和固定物排除等方面的技术优势，保护军事设施、领海基点及海底管线、航道、锚地等设施安全。深入开展"双拥共建"活动，加强民兵、预备役工作，不断开创军政军民共建共享新局面。

第十二章　加强规划实施组织领导

浙江省人民政府要认真做好本规划的组织实施工作,切实加强领导,制定实施意见,明确工作分工,完善工作机制,落实工作责任,加强对规划实施的监测评估、综合评价和绩效考核,举全省之力有序推进舟山群岛新区建设,及时解决舟山群岛新区建设中的困难和问题。舟山市人民政府要依据本规划,修订城市规划和土地利用总体规划,编制相关专项规划,制定规划实施方案和工作推进计划,鼓励公众积极参与实施规划,形成全社会支持舟山群岛新区建设的良好氛围。

国务院有关部门要按照职能分工,加强对舟山群岛新区建设的指导和支持,按程序建立省部际联席会议制度,研究提出支持舟山群岛新区建设的具体措施,在规划编制、政策实施、项目安排、体制机制创新等方面予以积极支持。发展改革委要重点加强对规划实施情况的跟踪分析，做好各项工作和政策措施落实的督促检查，会同浙江省人民政府组织开展规划实施情况评估和监督，重大问题及时向国务院报告。

序

2011年6月，国务院批准设立舟山群岛新区，这是我国第一个以发展海洋经济为主的新区，是对外开放的重大举措。浙江省政府和舟山市政府为了制定一个让各方面满意的规划，邀请中国国际经济交流中心牵头组织规划研究，我有幸担任课题组组长，并组织了一个由相关专家组成的课题研究组。经过充分的实地勘察，听取浙江省和舟山、宁波、上海市各部门以及专家的意见，查阅大量资料，初步形成了规划思路，包括新区功能定位、主导产业选择、陆海空间布局、重点建设项目、对外开放步骤等。初稿形成之后，先后在各地各部门征求意见，时任省长夏宝龙先后两次主持省长办公会议听取汇报和讨论，时任省委书记赵洪祝主持省委常委会议听取汇报和讨论。中国国际经济交流中心理事长曾培炎、执行副理事长王春正对课题研究给予指导，并亲自向国家发展和改革委员会主管领导协调有关重大问题。2012年2月规划送审稿由浙江省政府上报国务院。2013年3月18日国务院印发《浙江舟山群岛新区发展规划》，一场历史性的大规模建设在舟山群岛紧张有序地展开。

舟山规划课题研究成果有三个突出亮点：一是**第一次提出在舟山建立自由港区**。舟山对外开放分三步走，第一步完善综合保税区，第二步建立自由贸易园区，第三步建立自由港区，实现小平同志关于"再造几个香港"的设想。二是**建设大型绿色石化基地**。瞄准国内进口的石化产品，采用当代最先进的技术，由浙江民营企业投资经营。三是**建设跨杭州湾公铁两用大桥，实现水陆运输无缝对接，形成面向太平洋、辐射长江经济带的国际物流枢纽**。当时，对这三件事大家意见不一致，但是，经过课题组反复论证，认为在舟山做成这三件大事，是把舟山建成我国面向太平洋的桥头堡的需要，是建设大宗物资国际物流枢纽的必备条件，是得天独厚的历史机遇。现在，这三大工程都已进入实施阶段，其巨大的经济效益、社会效益和国际影响已逐步显现出来。

把舟山建成现代海洋产业基地和海洋科技研发基地，是规划建议的重要内容。课题提出要大力发展海洋工程装备，整合提升船舶制造工业，完善海洋旅游产品体系，开发利用东海油气和深海矿产资源，发展海洋生物医药产业，发展现代海洋渔业，重振舟山渔场辉煌。

2014年，受浙江省发展改革委的委托，由我担任组长，进行"大洋山开发开放模式创新研究"。鉴于小洋山的集装箱货运吞吐能力已经饱和，而运输需求仍在增加，开发大洋山势在必行。大小洋山都属于浙江省舟山市嵊泗县管辖范围，开发小洋山时，经国务院协调，港口业务归上海港务部门管理，每年根据集装箱转运量给浙江省一定补偿。大洋山的开发模式如何选择，才能既考虑到浙江省的利益，又保证港口业务统一管理，这是一个比较复杂但又必须解决的问题。经过充分调研，听取了浙江省、舟山市、嵊泗县和上海市的意见后，课题组提出了3个解决方案，供各方政府选择。2013年年底，我在上海市委核心学习组宣讲党的十八届三中全会决定时，顺便向主持会议的时任市委书记韩正同志报告大洋山开发课题研究情况，韩正同志非常关心，两次向我表明大洋山开发要早决策，开发模式可以灵活，可以以浙江为主。

2015年，受舟山市委托，中国国际经济交流中心与浙江省决策咨询委员会合作，开展舟山石化基地的研究，我仍担任课题组组长。课题研究报告从分析世界石化产业发展趋势、我国石化产业面临的机遇与挑战、国内外石化产业的市场环境出发，充分论证了舟山建设大型绿色石化基地的必要性和可行性，提出了基地选址方案和建设的战略思路及目标，并就如何加快基地建设提出了建议，包括促进宁波-舟山石化产业一体化布局、采用先进技术发展高端石化产品、鼓励各类所有制企业特别是浙江民营企业参与石化项目建设等。目前，在大小余山几十平方公里的工地上，正在昼夜不停施工，一个全国最大最现代化的绿色石化基地即将浮现在人们眼前。

2017年5月，随着上海自由贸易试验区的成功，建设自由港区的任务提了出来。舟山新区能不能争取率先进行自由港区的试验任务，舟山市的同志积极性很高。他们委托我组织课题组抓紧进行研究。为了完成好这一任务，课题组专程到新加坡、迪拜考察。在研究报告中，我们对香港、新加坡、迪拜的自由港政策系统地进行了比较，以此为基础，提出了建设舟山自由港区的战略目标、战略重点、战略举措和实施步骤，并对建设舟山航空基地、绿色石化基地、生物制药基地、海洋工程装备制造业基地、海洋旅游基地等提出了构想和建议。2018年，习近平总书记在庆祝海南建省和设立经济特区30周年大会讲话时，宣布中央决定支持海南全岛建设自由贸易试验区，支持海南逐步探索、稳步推进中国特色自由贸易港建设。目前，海南正抓紧制定自由贸易试验区的规划，并着手研究自由贸易港的方案。鉴于舟山不同于海南的区位优势、经济腹地和产业定位，在舟山建设自由港区应当提上日程。通过在舟山设立自由港区，以优惠的政策吸引全球资源汇聚，发挥长江低成本水运优势，把进口资源同全流域劳动力资源相结合，转化为高附加值的深加工产品，既满足国内市场需求，又出口到全球市场，实现"买全球、卖全球"，这是对外开放新形势的需要，是带动长三角地区和长江经济带发展的需要，也可对全球经济稳定增长作出贡献。

在国务院批准设立舟山群岛新区八周年的时候，我们把有关舟山的四个研究报告结集出版，具有双重意义：一是可以回过头来看看我们当初的认识哪些是正确的，哪些是有缺陷的，哪些是脱离实际的；二是对照经济实际发展情况，看看还有哪些新矛盾、新问题需要研究。改革开放是前无古人的伟大事业，必须不断探索、不断总结经验，才能增强自觉性，克服盲目性，使我们的认识与经济发展的客观规律相一致，以较小的付出取得更大的效益。

郑新立
2019 年 3 月 15 日

研究报告一：

浙江舟山群岛新区发展规划研究（草案）

(2012 年)

课题组组长：郑新立
副 组 长：陈永杰　曹文炼
成　　员：袁崇法　王　军　马庆斌　王福强
　　　　　王冠群　梁云凤　徐　伟　綦鲁明
　　　　　丁　宇　孙纪平　郁鸿胜　李　娜
　　　　　张　岩　郑国楠　王雅琦

前 言

舟山群岛面向太平洋，背靠长三角，是我国东部沿海地区走向世界的重要海上门户。资源独一无二，区位条件、海洋资源、海洋产业等综合优势明显，在全国沿海开发开放中具有重要地位。2011年6月，国务院下发《关于同意设立浙江舟山群岛新区的批复》（国函〔2011〕77号）。为全面贯彻落实国务院批复、《长江三角洲地区区域规划》、《浙江海洋经济发展示范区规划》、《浙江省国民经济和社会发展第十二个五年规划纲要》精神，探索我国海洋经济科学发展之路，打造海洋海岛保护开发新模式，推进浙江舟山群岛新区全面开放开发，特制定本规划。

规划范围涵盖舟山整个市域，规划的主要期限为2012—2020年，展望到2030年。规划是指导浙江舟山群岛新区建设的纲领性文件，是编制相关专项规划的重要依据。

第一章 战略意义和发展基础

加快建设浙江舟山群岛新区（以下简称舟山群岛新区），对我国实施区域发展总体战略和海洋发展战略、探索陆海统筹发展新路径、推动海洋经济科学发展具有重大战略意义。舟山独特的区位优势、丰富的海洋资源、良好的经济条件，为舟山群岛新区建设奠定了坚实基础。

第一节 战略意义

有利于打造改革开放第四个十年国民经济发展的增长极。改革开放前30年，深圳、浦东、滨海新区先后发挥了重大示范带动作用。进入第四个十年，舟山群岛新区的建设，能够成为长三角乃至全国的经济增长极，成为改革开放新的亮点，为我国整个国民经济发展注入新的活力。

有利于形成开放型经济体系新的窗口。在加入世界贸易组织（WTO）十年后，我国经济同世界经济的融合程度已达到较高水平。适应建设开放型经济体系要求，利用舟山独特的条件，以新加坡、香港等国家和地区为借鉴，形成与国际经济更加紧密对接的自由贸易园区，有利于在全球树立中国更加开放的形象。

有利于构建扩大对外交换的国际物流枢纽。利用舟山得天独厚的深水港资源，通过建设环杭州湾东方大通道等一批重大基础设施，实现大宗商品运输水陆无缝对接，建成国际物流枢纽，可大幅度提高我国经济的国际交换能力，充分利用国外的自然资源和我国的劳动力资源，扩大资源型产品进口和技术、知识密集型产品出口，为未来一个较长时期我国经济平稳较快增长提供支撑。

有利于形成建设海洋经济强国的先导。发展海洋经济，建设海洋强国，是我国"十二五"的重要发展战略。舟山群岛新区加快培育海洋战略性新兴产业、转型升级海洋传统产业，开发保护我国深远海资源，有利于增强我国海洋经济综合实力。同时，大力发展海洋科技、教育、文化事业，可为建设海洋经济强国提供先进科技、各类人才、技术装备，为开发利用海洋资源提供重要支持。

有利于构建保障国家重要能源资源安全的基地。利用海岛远离人口稠密区的条件，建立石油等大宗商品战略储备基地、资源深加工基地、资源交易市场及中转基地，可一举解决我国重要化工原材料大量依赖进口的局面，将大幅度提高我国石油储备保障能力。

总之，建设舟山群岛新区，不仅有利于发挥长三角的经济优势，更有利于壮大我国经济实力。在新的发展阶段，把舟山群岛新区建成我国经济进一步融入世界经济的跳板，成为加入经济全球化进程的助推器，努力打造成我国面向环太平洋经济圈的桥头堡，具有十分重大和深远的战略意义。

第二节　发展基础

区位优势独特，港口条件优越。舟山处于南北海运大通道和长江黄金水道交汇地带，对内是江海联运枢纽，辐射整个长江流域和东部沿海；对外是我国除台湾外唯一伸入西太平洋的地区，是我国走向深远海、维护海洋权益的前哨阵地。舟山是全国深水岸线资源最丰富、建港条件最优越的地区，适宜开发建港的深水岸段总长280公里，占浙江省的55.2%、全国的18.4%；港口资源可建码头泊位年吞吐量超过10亿吨，船舶避风和锚地条件优越，多条国际航线穿境而过。已建成亚洲最大的铁矿砂中转基地、国家石油战略储备基地、全国最大的商用石油中转基地、华东地区最大的煤炭中转基地和全国重要的化工品、粮油中转基地。

海洋资源丰富，海洋产业基础较好。舟山是全国唯一的外海深水岛群，面积500平方米以上的海岛数量占全省的45%、全国的25.7%；海洋生物资源丰富，是我国最大的近海渔场、海洋生物重要基因库；佛教文化、海洋文化底蕴深厚，是我国海洋旅游重点区域，国家旅游综合改革试点城市，拥有十分丰富、禀赋独特的旅游资源；拥有丰富的东海油气以及近海风能、潮流能等可再生能源，开发利用前景广阔。2011年，舟山市海洋生产总值525亿元，占地区生产总值的68.6%，是我国海洋经济比重最高地级城市；是浙江省最大、全国重要的修造船基地；海洋渔业发达，水产品加工技术先进；港口物流增速居全国前列；海洋生物医药、海水淡化、海洋新能源等新兴产业发展迅速；海洋产业基础较好、潜力巨大。

经济增速快，总体迈入工业化中期。2011年国内生产总值（GDP）达765.3亿元，"十一五"期间年均经济增速近15%，居浙江省首位；人均GDP达6.76万元，超过1万美元，三次产业比例为9.9∶45.1∶45；临港工业快速发展，规模以上工业总产值中重工业占比80%；总体迈入工业化中期阶段，已进入产业结构调整与升级的关键时期。

城市化进程加快，城乡协调发展。2011年，舟山城市化水平达到64.5%，进入城市化优化提升阶段；新城建设初具规模，东港开发速度加快，定海、普陀老城区改造稳步推进，新渔农村建设成效明显；人民生活显著改善，城镇居民可支配收入和渔农民人均纯收入分别达到30496元和16608元，渔农民人均纯收入增速位居浙江省首位；城乡收入比为1.84∶1，远低于浙江省和全国水平。

民营经济基础雄厚，发展活力潜力巨大。2011年规模以上工业总产值中民营经济占67%，民营经济就业人员占全市工业企业的81.5%，民营经济成为推动舟山经济发展的主要动力，为加快渔农民转产转业、建设新型小城镇和保障社会稳定起到了重要作用。

构建面向环太平洋经济圈的桥头堡：舟山新区发展规划研究

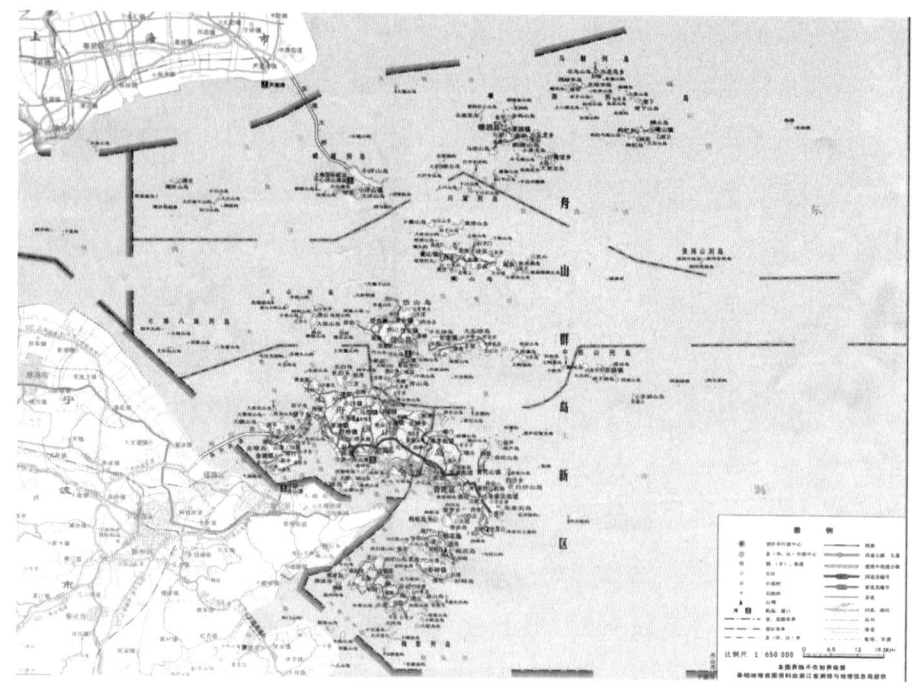

图 1-1 舟山群岛新区行政区划图

舟山群岛新区的发展优势较为明显，但同时也应该看到，加快舟山群岛新区发展存在不少制约因素，如海陆联动的重大交通基础设施建设滞后，土地、能源、水资源等要素制约比较明显，大企业和大项目带动不足，国际化和专业化的高端人才紧缺，金融和信息服务能力比较薄弱，陆海统筹发展的体制机制有待创新等，需要在舟山群岛新区建设过程中不断加以解决。

第二章 总体要求

第一节 指导思想

高举中国特色社会主义伟大旗帜,深入贯彻落实科学发展观,遵循国家海洋发展总体战略部署、国家"十二五"规划纲要和国务院批复精神,按照浙江省委"八八"战略和"创业富民、创新强省"总战略,以加快转变经济发展方式为主线,以海洋海岛综合开发为重点,以改革开放、先行先试为动力,充分发挥战略区位和资源优势,统筹海洋经济与陆域辐射、经济建设与民生保障、资源开发与生态保护、新区建设与国防建设,做强海洋战略性新兴产业,建设海洋科研人才高地,增强海洋文化软实力,努力实现国务院关于舟山建设的"三大定位、五大目标",为实施国家海洋强国战略、推进东部地区发展方式转变、促进全国区域协调发展做出更大贡献。

第二节 基本原则

理性有序、科学发展。遵循海洋开发规律,因岛制宜、逐岛定位,注重开发时序、强度和广度,正确处理对外开放与国防安全、整体推进与重点突破、开发利用与生态保护等关系,不断提高科学发展水平。

先行先试、开放发展。充分发挥舟山群岛新区先行先试优势,在重点领域和关键环节改革中率先试验，创新有利于海洋经济发展的体制机制，努力拓展发展空间，形成特色鲜明、优势突出的开发开放格局。

转型升级、集约发展。将优化经济结构和转变发展方式作为经济发展的主攻方向，以科技引领舟山群岛新区产业转型发展，不断提高海洋产业科技含量和规模层次，不断提高资源利用效率和水平，全面促进海洋开发向集约型转变。

陆海统筹、联动发展。统筹周边区域联动开发，协调发展，将海洋与陆域资源优势有机结合，构建陆海统筹的港口集疏运、能源供给、水资源保障、信息通信、防灾减灾等网络，实现陆海产业联动发展、基础设施联动建设、资源要素联动配置、生态环境联动保护。

保护生态、持续发展。注重保护和开发并举，坚持海洋经济发展与海洋生态环境保护相统一，海洋资源开发利用与资源环境承载力相适应，将海洋生态文明建设放到突出位置，促进人与海洋、人与自然和谐，实现海洋经济可持续发展。

以人为本，和谐发展。始终坚持发展依靠人民，发展为了人民，发展成果由人民共享，大力增进民生福祉，不断提高民生水平，保持社会和谐稳定。

第三节　战略定位

浙江海洋经济发展的先导区。作为浙江海洋经济发展示范区建设的重中之重和核心发展空间，要充分利用战略区位和海洋资源综合配置的优势，合理开发和保护海洋资源，率先建成现代海洋产业体系，成为浙江省拓展发展空间、转变经济发展方式、发展海洋经济的前沿阵地。

我国海洋综合开发试验区。进一步坚持改革开放、先行先试，创新体制机制、优化发展环境，提高海洋经济对外开放水平，主动参与全球海洋经济合作与竞争，加强与周边地区及东北亚的合作，增强国际资源配置能力，为全国海洋经济转型升级探索经验。

长三角地区经济发展的重要增长极。加快区域一体化进程，打造大宗商品储运中转加工交易中心，突出港航物流服务体系建设，构建立足长三角、辐射东北亚、面向全球的国际物流枢纽，为长三角地区提供港口物流全方位服务，不断提高海洋经济规模和质量，推动长三角经济快速持续稳定发展。

第四节　发展目标

通过10至20年的努力，把舟山群岛新区打造成为我国面向环太平洋经济圈的桥头堡。

我国大宗商品储运中转加工交易中心。建设国际航运服务中心、国际大宗商品储运中转加工交易中心，建设世界级国际枢纽港，保障国家战略物资供应安全，打造国际物流岛。

我国东部地区重要的海上开放门户。全方位扩大对外开放，建设舟山港综合保税区，探索建立自由贸易园区和自由港市，成为我国集聚国际贸易、金融、航运、科技、人才和资源的重要地区，打造自由贸易岛。

我国重要的现代海洋产业基地。充分发挥海洋空间和资源优势，培育我国海洋开发试验基地和重大海洋科研成果转化基地，发展科技领先、产品高端、规模效应的海洋产业集群，打造海洋产业岛。

我国海洋海岛综合保护开发示范区。创新海洋海岛开发保护管理体制机制，加强海洋旅游综合改革试验区和海洋文化岛群建设，建设世界级休闲度假基地、海洋科教文化中心和生态海岛城市，打造国际休闲岛。

我国陆海统筹发展先行区。依据群岛型独特优势条件，创新陆海统筹综合管理体制机制，从基础设施、产业项目、资源要素、生态环境等方面探索陆海联动新路，成为长三角世界级城市群中独具魅力的山海兼胜城市，打造海上花园城。

到 2015 年，"三位一体"港航服务体系建设取得重大突破，现代海洋产业框架体系基本形成，全市实现海洋生产总值 1000 亿元，与 2011 年相比年均增长率 17% 左右，人均 GDP 超过 10 万元人民币，港口货物年吞吐量达到 4 亿吨以上。海洋海岛在保护中开发，空间布局更加合理，海洋生态环境保护能力持续加强。初步形成海洋科技创新成果产业化的转化体系，基本实现教育现代化。城乡一体化的制度体系基本形成，区域性服务功能明显提升，海上开放门户作用明显增强。

到 2020 年，实现海洋生产总值 2500 亿元，与 2015 年相比年均增长率 20% 左右，人均 GDP 超过 20 万元人民币，港口货物吞吐量达到 6 亿吨以上。海洋经济竞争能力和辐射功能显著增强，海洋科技与产业化发展水平全面提升，海洋生态环境进一步改善。全面实现教育现代化，成为全国深远海科技研发孵化中心。国际物流岛、自由贸易岛、海洋产业岛、国际休闲岛和海上花园城建设初具规模。

到 2030 年，开放型经济体系完善，建成国际领先的现代海洋产业体系，建成国际著名的自由港市。人民生活富裕、人海关系和谐，经济社会综合发展水平走在全国前列。基本实现国家对舟山群岛新区发展的战略定位和发展目标。

第三章 空间布局

按照国家战略布局和区域发展格局,依托区位和资源优势,明确舟山群岛新区功能区定位,进一步拓展产业空间,优化空间布局,促进区域合理分工、区域间协调发展,形成资源要素优化配置、区位优势充分发挥的新格局。

第一节 优化空间布局

坚持合理分工、优势互补、错位发展,优化空间功能分区和产业布局,形成陆海统筹、重点突出、功能明确、协调发展的"一体一圈五岛群"的空间结构。

一、构建舟山岛开发开放主体

舟山岛是舟山群岛新区开发开放的主体,也是构建海上花园城的主体区域。重点要构筑"一城三带"发展格局。

中国(舟山)海洋科学城。要大力发展临港先进制造业、港航现代服务业,建设港航综合商务区、小干海上金融商务区和科教创意区,成为舟山群岛新区的经济、文化、行政中心,海上花园城的核心区。

舟山岛南部花园城市带。依托定海、新城和普陀城区,加快旧城改造和甬东、勾山、沈家门区块"退二进三"步伐,联动推进南部诸岛开发,发展以金融商贸、海事中介、医疗服务、研发创意、教育培训、休闲旅游等为主的现代服务业，打通南部海岸城市发展大走廊，形成舟山岛南部花园城市带。

舟山岛中部生态保护带。保护中央山体，构筑蓝色廊道，形成以山体为核心的指状绿地系统。结合纵向水系和横向水系设置沿河绿带，形成成带成片的城市结构性绿地与成网成园的生活型绿地。保留海岛生态景观和田园风光特色。

舟山岛北部海洋新兴产业带。在小沙镇至展茅街道区域范围内，发展高端水产品精深加工、海洋生物工程、海洋探测装备、绿色修造船、海洋工程、临港装备制造等海洋新兴产业，加快形成浙江省产业转型升级引领区和海洋新兴战略性产业集群。

二、建设大宗商品储运中转加工交易中心核心圈

包括岱山岛、大长涂岛、鱼山岛、衢山岛、洋山岛等区域，是舟山群岛新区打造国际物流岛的核心区域。大长涂岛、鱼山岛规划建设原油储存、交割和炼化加工区；衢山岛及周边鼠浪湖、黄泽、双子山等岛，规划建设国际离岸燃油供应中心和矿砂、煤炭等大宗商品深水中转中心；岱山岛近期积极发展临港制造业，远期规划建设大宗商品加工和区域性国际港航服务平台；洋山岛以集装箱运输、保税物流及相配套的加工增值综合服务功能为重点，建成上海国际航运中心港航配套服务中心。

三、构筑五大功能岛群

普陀国际旅游岛群。以普陀山岛为核心，包括朱家尖岛、桃花岛、登步岛、白沙等岛屿。依托佛教文化，建设禅修旅游基地，加快形成世界级佛教旅游胜地；围绕国际海洋休闲度假旅游，开发游艇、邮轮、禅修、康体休闲、滑翔、潜水、航海、攀岩等旅游新业态，打造世界一流海洋休闲度假岛群。

六横临港产业岛群。以六横岛为核心，包括虾峙岛、佛渡岛、东白莲岛、西白莲岛、凉潭岛、湖泥岛等。重点发展船舶和海洋工程装备、港口物流、大宗商品加工等临港产业，发展海水淡化、深水远程补给装备、海洋新能源等海洋新兴战略性产业。

金塘港航物流岛群。以金塘岛为核心，包括册子岛、外钓岛等。重点发展以国际集装箱中转、储运和增值服务为主的港口物流业，打造油品等大宗商品中转储运基地，建设金塘综合物流园区。

嵊泗渔业和旅游岛群。以泗礁岛为核心，包括嵊山岛、枸杞岛、黄龙岛等，推进中心渔港建设，加快渔业转型升级；发展海洋休闲旅游，建成集港口观光、滨海游乐、海上竞技、渔家风情、游艇海钓、海鲜美食于一体的渔业和休闲旅游岛群。

特色生态保护岛群。包括中街山列岛、浪岗山列岛、五峙山列岛、马鞍列岛等。加强对海洋生态环境的监控和保育，适度发展海洋渔业和海洋旅游业，加大资源增殖流放的力度，逐步实现海洋生态环境的良性循环，打造各具特色的海洋生态保护岛群。

构建面向环太平洋经济圈的桥头堡：舟山新区发展规划研究

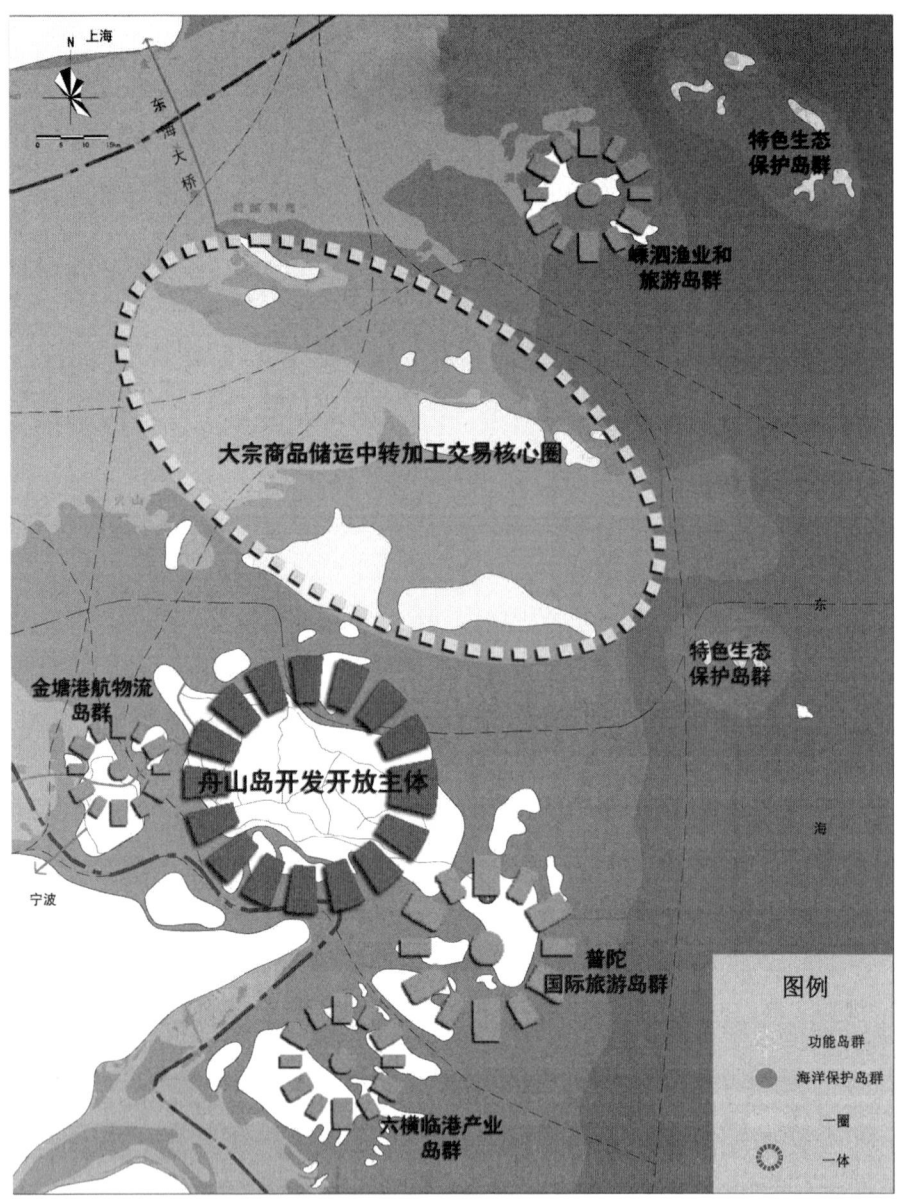

图 1-2　舟山群岛新区空间布局图

第二节 城市布局和人口规模

坚持走新型城市化道路，统筹城乡发展，平衡产业发展与资源承载能力，按"一心、三副、多点"合理安排城市布局，着力建设特色鲜明、山海秀美、生态和谐的海上花园城市。

"一心"以舟山岛为舟山城市发展核心，全面推进城乡一体化进程，扩大城市规模，提高城市品质，增强对人才、资本和产业的集聚能力，建设成为100万~150万人口以上的现代化城市。

"三副"以岱山岛、泗礁岛和六横岛为舟山城市发展副中心，建设新型小城市。岱山岛作为大宗商品储运中转加工交易中心核心圈的核心区域，主要发展临港制造业、港航服务业和商住服务业等公共配套设施。规划建设成为20万~25万人口的城市。泗礁岛主要发展港口物流和休闲度假旅游产业，布局一批高档次旅游设施，建设成为8万~10万人口的旅游新城。六横岛以临港产业和配套服务业为主要功能，城镇建设规模为18万~20万人。

"多点"以金塘、衢山、朱家尖、长涂、洋山、桃花等岛屿为基础，发展新型城镇或城市综合体。金塘岛规划人口规模8万人；衢山岛规划人口规模5万人；朱家尖岛规划人口规模3万人；长涂岛规划人口规模2.5万人；洋山岛规划人口规模2万人；桃花岛规划人口规模1万~2万人。

推进人口合理分布。根据舟山人口变化趋势，综合考虑舟山群岛新区长远发展所需和水、土地和生态等资源承载力，预计2015年人口总量约为130万，2020年为160万，2030年为200万左右。按照内聚外引原则，积极引导重点生态保护区域和偏远小岛的人口逐步向外迁移，引导和鼓励人口向舟山岛、岱山岛、六横岛、金塘岛、泗礁岛等资源环境承载能力较强、新兴产业发展较快的宜居区域转移，不断提高人口素质，促进人口集聚，以城市化促进新渔农村建设。

构建面向环太平洋经济圈的桥头堡：舟山新区发展规划研究

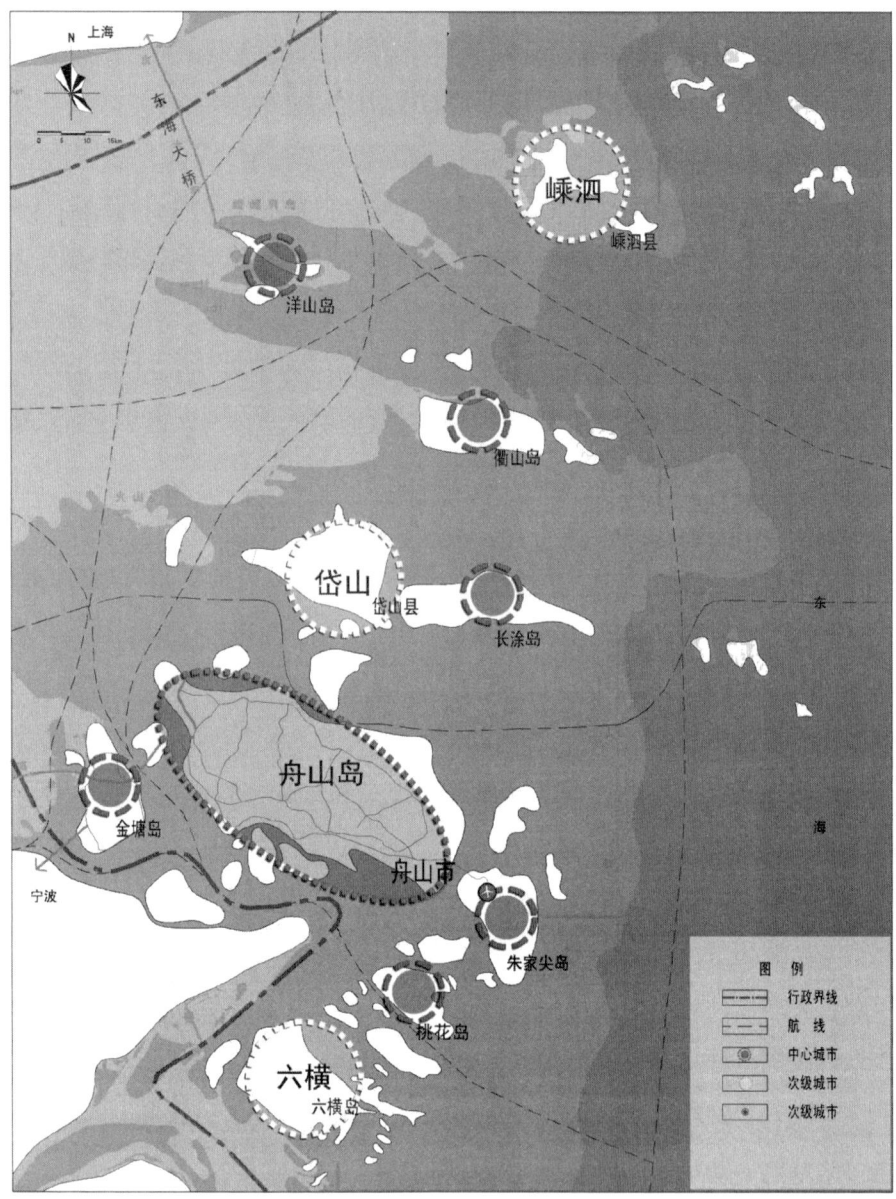

图1-3 舟山群岛新区城市布局图

第四章　建设我国大宗商品储运中转加工交易中心

服务国家经济安全战略需求，利用舟山群岛深水岸线资源优势，发挥舟山港口的国际储运、中转、加工、交易功能优势，建设大宗商品交易平台、海陆联动集疏运网络、金融和信息支撑系统"三位一体"港航物流服务体系，扩大对长三角、长江流域、全国沿海和东北亚地区的辐射，全力打造国际物流岛，增强国家战略性资源的综合保障能力。

第一节　建设世界一流的大宗商品国际枢纽港

以第四代港口为目标，加快功能明确的岛链式国际深水生态港群开发，构筑大宗商品储运中转加工交易中心的坚实基础。在已建成呑山、册子、马迹山、小洋山、凉潭、老塘山等岛屿港口集群基础上，推进正在建设的外钓、鼠浪湖、黄泽山、双子山、东白莲、湖泥等国际性岛屿深水港口集群。重点开发衢山、大长涂、六横、金塘、大洋山和舟山岛北部等岸线，建设面向全球的深水化、专业化、高能级生态港群，推进宁波-舟山港一体化建设。到2015年，新建成万吨级以上码头20个左右，港口货物年吞吐量达到4亿吨以上，港口物流增加值占GDP比重超15%。到2020年，港口货物吞吐量达到6亿吨以上，港口物流增加值占GDP比重超20%。到2030年，以一流的深水港优势和高效率的装卸装备，最具竞争力的物流成本吸纳和集聚全球大宗战略物资，使宁波-舟山港成为全球一流的大宗商品国际枢纽港。

第二节　全面提升大宗商品储运中转加工能力

积极依托和集约利用大宗商品深水港泊位，打造全国重要的油品中转贸易储存、LNG 中转贸易、铁矿砂中转贸易、煤炭中转加工配送、粮食中转加工配送、化工品中转储运加工等大宗商品储运中转基地。坚持商用储备与国家储备并举，集聚一批实力强、影响大的仓储物流企业，建设大长涂港区油品储备贸易园区、衢山港区大宗散货储备交易园区、六横港区综合物流园区、舟山岛西北部石油天然气化工交易物流园区、老塘山国际粮油储运加工物流园区、金塘综合物流园区、洋山港区综合物流园区。规划建设金塘、六横和洋山等集装箱码头建设，打造以"水水中转"为特色的集装箱转运基地。适应国际集装箱船舶大型化运输发展趋势，选择合适区域，建设洲际性超大型集装箱深水中转港。有序布局岛屿型、现代化、规模化的原油、煤炭、木材、粮油、矿砂等大宗商品加工项目，促进大宗商品加工业的发展。努力形成以开放贸易为主要形式的港口储运中转加工主体格局，全面提高我国战略物资安全保障能力。

专栏1：

大宗商品储运中转项目

重点推进国家原油储备库二期、六横煤炭中转二期、鼠浪湖矿砂中转、外钓油品中转、黄泽山油品中转、双子山油品中转、衢山焦煤配送中心、岑港天禄能源油品储运、东白莲煤炭加工配送、湖泥油品储运项目、舟山LNG接收站、洋山裕程物流、马迹山中转码头三期项目、洋山申港石油储运基地三期、木岙集装箱码头等一批重大工程。建设油品、LNG、矿石、煤炭、液体化工、集装箱、粮油等物流基地和金塘、洋山、六横、老塘山、衢山等物流园区。

第三节　构筑大宗商品交易平台

推进舟山大宗商品交易服务平台建设，逐步建成我国大宗商品交易中心，增强大宗商品市场的国际话语权，逐步形成"舟山价格""舟山指数"。推进交易中心核心功能创新、交易和结算模式创新、上市交易品种创新，加快形成煤炭、矿砂、石油化工品、LNG、船舶、钢材、粮食等品类齐全的大宗商品交易市场体系，建成立足浙江、面向全国、辐射世界的国际性大宗商品综合交易、结算和定价中心。完善大宗商品交易平台配套服务，搭建货物交易及运输一体化平台，促进经纪人市场化发展。推动政府、企业、航运和服务信息共享互联，加强口岸、金融、信息服务支撑体系建设，发展大宗商品现货和连续合约交易及分拨、配送业务，增强港口物流功能。培育、引进一批大宗商品国际运营商、贸易商、期货经纪商及其会计、法律、结算等机构，提高大宗商品贸易现代化水平。建设国际性船舶加油补给服务中心、全国性船舶交易中心、国际粮油集散中心。

第四节　发展大宗商品航运服务业

优化组建大型运输船队，鼓励参与国家战略物资一程运输，拓展国际一程运输市场。打造我国"海进江"二程运输船队，成为国家江海联运枢纽。积极推进中国（舟山）海洋科学城港航综合商务区和小干海上金融商务区建设，吸引涉港涉海现代服务业集聚，积极发展船舶融资、航运租赁、金融仓储、航运结算、航运保险等业务。发展船舶管理、海事服务、人才中介、资格认证、咨询、会计审计等配套服务，吸引相关的律师事务所、理算师机构、海事仲裁机构、船级社等入驻舟山群岛新区。创新船舶注册买卖制度，允许外商投资海运业。构筑航运公共信息平台，提高舟山港域的航运影响力。

第五章 建设我国东部地区重要的海上开放门户

着眼经济全球化、贸易自由化大趋势，按照国家完善区域开放格局和深化沿海开放要求，全方位扩大舟山群岛对外开放，着力提高开放水平和层次，加快建设舟山港综合保税区，探索建立自由贸易园区和自由港市，将舟山建设成为我国重要的海上开放门户。

第一节 推进全方位对外开放

扩大口岸开放范围。简化口岸开放审批程序，下放口岸开放审批权力。完善口岸管理机制，加强跨区域口岸合作，逐步扩大舟山群岛新区与内陆省份区域通关适用范围。探索建立适应舟山群岛新区特点的口岸监管模式，合理规划口岸查验机构的布局和设置，科学增加查验机构和人员编制，加大口岸基础设施建设投入，推动电子口岸建设，提升口岸监管、查验效能，大幅度提高通关效率。

提升开放层次。实施特殊的旅游政策，发展邮轮经济，对国际海员、国际邮轮游客和国际旅游团队游客实行免签证。在沈家门等地扩大对台小额商品贸易业务。研究舟山机场开放和扩容，开辟国际航线航班或包机航线航班。发展直升机、水上飞机和商务飞机等通用航空。支持开展国际游艇及游艇装备交易业务，设立中国东部游艇和海洋旅游资源交易中心。放宽国际邮轮入籍船龄限制，吸引国际邮轮或邮轮公司在舟山群岛新区登记注册。

做强开放型经济。切实转变外贸发展方式，推进舟山船舶出口基地及海水产品外贸转型升级示范基地建设。大力发展进口贸易和转口贸易，建设一批利用进口资源的重大项目，成为我国重要的商品进出口基地。创新招商引资体制机制，优化利用外资结构，更多发挥外资在推动产业升级等方面的积极作用。

第二节 建设舟山港综合保税区

加快建设舟山港综合保税区，按照"一区两片"架构规划建设舟山岛分区和衢山分区，抓紧启动舟山港综合保税区一期舟山岛分区工程建设。重点发展海洋工程部件、船舶配件、电子产品、精密机械、国际服务外包、检测维修业务以及海洋生物医药等产业的保税物流、加工、贸易以及相关增值业务；给予进口免税商品零售试点；重点培育大宗商品保税交易、船舶和海洋工程交易租赁、国际进口商品展示交易等三个市场；将舟山港综合保税区准予列为整车进口口岸；扩大保税燃料油业务，择机建设舟山保税油交易市场；开展船舶登记制度、国际航运税收、离岸金融业务和租赁业务等方面试点。

第三节 逐步建立舟山自由贸易园区

在建设舟山港综合保税区基础上，适应大宗商品储运中转加工交易中心核心圈发展需要，选择合适区域探索建设舟山自由贸易园区。逐步实行与国际通行的自由贸易园区政策，推动贸易投资便利化。按照"境内关外"模式，实行"一线"放开、"二线"管住、人货分离、分类管理，充分集聚国内外大宗商品做市商、生产商、营运商，将舟山打造成集定价、交易、交割、储运一体化的自由贸易园区。

第四节 探索打造舟山自由港市

在建设舟山港综合保税区和自由贸易园区基础上,借鉴新加坡、香港等地的经验,全面推进贸易和投资自由化,推动地区性、全球性资源的分拨配送向舟山群岛新区集聚,带动舟山群岛新区向国际门户城市转型,逐步将舟山群岛新区建设成为中国的自由港市。

第五节 创新亚太区域合作新模式

加强海运、物流企业、先进技术和人才引进等方面的先行先试,创新合作模式,加强与环太平洋国家和地区的经贸合作,探索建立海洋经济合作区。加强与香港、澳门、台湾等地区在金融、航运、现代海洋产业等方面的对接,深化经贸交流合作。加强与东北亚主要国家海事、海警、海洋、渔业、海上搜救等机构合作,健全海上重大污染突发事故应急体系,提高航海保障、海上救生和救助服务水平。

第六章　建设我国现代海洋产业基地

充分发挥舟山丰富的海洋资源优势,提升改造传统海洋产业,大力培育海洋战略性新兴产业,做大做强海洋支柱产业,建设国际一流的现代海洋产业基地。

第一节　海洋工程与船舶产业

大力发展海洋工程装备。建设海洋装备修造基地,培育国际领先的海洋工程装备制造,大力发展深水勘探装备、深水生产设施、远洋应急救援装备、深水远程补给装备。加强国内外合作,引进具有国际先进技术的海洋工程企业,重点发展自升式钻井平台、深水半潜式平台、浮式生产储油装置以及海洋工程装备主动力及传动、动力定位、单点系泊、油气分离等关键系统和配套设备,提高国产化率,促进动力和配套装备技术的跨越发展。

整合提升船舶制造工业。以大型集装箱船、大型液化石油气(LPG)船、液化天然气(LNG)船、豪华邮轮、游艇、远洋渔船、特种船舶等高技术、高附加值船舶为重点,集中力量研发现代造船技术,开发绿色环保新船型。积极发展大型船用柴油机及推进装置、大型甲板机械、舱室设备、船用通讯导航及自动化装置、船用电子产品等船配产品,加快关键产品国产化进程。提高绿色节能环保船舶修理改装和拆解能力。

> **专栏 2：**
>
> **船舶与海洋工程产业重点项目**
>
> 推进长白太平洋海洋工程二期、钓山海洋工程、秀山海洋工程、六横中远海洋工程、长涂金海重工海洋工程、定海新长宏国际产业园、长白中电绿科、新港船配园区、六横船配园区、定海船配园区、岱山船配园区、中国（舟山）船舶交易中心等一批项目建设。

第二节　海洋旅游产业

坚持国际化、精品化、标准化导向，以推进国家旅游综合改革试点城市和舟山群岛海洋旅游综合改革试验区建设为契机，加快旅游新业态、新产品的探索和引进，努力打造国际著名的群岛型海洋休闲旅游目的地和佛教旅游胜地，建设世界一流的休闲度假群岛。

优化海洋旅游布局。加快推进旅游中心城市建设，率先把普陀山、朱家尖、桃花、嵊泗列岛等岛屿建设成为世界级海洋休闲度假基地，整体推进东极、白沙、徐公等岛屿组团旅游开发，形成各具特色的海洋旅游岛群。

完善海洋旅游产品体系。大力开发旅游新业态新产品，着力发展观音文化体验、港城景观游览、经典岛村乐居、滨海综合度假、岛屿会所休闲，深入推进邮轮、游艇、海钓、康体、禅修等时尚海洋旅游基地建设，打造海洋文化主题旅游岛屿，提高产品质量和国际化水平，形成以海岛休闲度假和佛教文化旅游为核心的旅游产品体系。

推进旅游综合配套改革。深化旅游管理体制和机制改革，加快旅游要素的国际化进程，推进海洋旅游服务标准化体系建设。开辟朱家尖至台湾海上航线。支持发展邮轮产业，建设舟山邮轮母港，允许境外邮轮公司设立经营性机构，开展国际航线邮轮服务，给予舟山群岛新区购物离岛免税和离境退税政策。探索发展公益性博彩业、国际通用娱乐业。

专栏3：

海洋旅游业重点项目

打造嵊泗列岛、普陀山-朱家尖-桃花-沈家门、岱山蓬莱仙岛和定海古城四大旅游集聚区。加快推进朱家尖自在岛、海岛体育公园、国际邮轮码头和游艇基地等新业态项目。建设泗礁岛南长涂综合旅游开发、泗礁岛基湖旅游区综合开发、徐公岛旅游综合开发和定海古城文化旅游等一批项目。

第三节 绿色临港石化产业

按照国家能源保障总体部署，在大长涂岛建设我国最大的岛屿型商业原油及成品油储备基地、原油及成品油交割区，大幅提高我国原油及成品油综合储备能力，增强国家能源安全保障能力。发展高端绿色石化炼化项目，在鱼山岛及周边围垦区域建设我国最大的岛屿型、现代化、生态型，具有国际先进水平的炼化一体化石化基地。依托上海国际航运中心和东北亚主要国际港口过境船舶需求，在紧靠国际航道的衢山岛建设国际离岸燃油供应中心，开展离岸燃油业务。

瞄准目前国内主要依赖进口的短缺石化产品，引进国内外大型石化企业，利用循环生产模式，完善石化产业链条，延伸乙烯、芳烃等产业链，形成涵盖树脂、合成橡胶、合成纤维的新材料产业，以及重要的化工中间体及高端精细化学品，重点发展新型电池材料、风电材料、聚氨酯组合料（PUR）、聚碳酸酯复合材料（PC）、船用复合材料、高抗腐海洋工程用涂料等项目。发挥低碳新材料高地的引领作用，辐射建材、医疗、电子、装备制造等高新技术产业，推动产业集聚升级。通过鱼山岛化工基地建设，使我国由石化产品进口国转变为出口国。

专栏 4：

绿色临港石化产业

推进中海油舟山石化有限公司改造提升、六横燃料乙醇加工项目。规划建设大鱼山岛绿色石化炼化区和大长涂岛油品储运交易区。

第四节 海洋资源综合开发利用产业

大力利用海洋资源，推动东海油气资源开发和大洋勘探开发，建设后方服务基地。

开发利用东海油气和深海矿产资源。建设东海油气登陆、中转、储运、加工基地及其作业补给、装备供应等后方服务基地，增强东海油气开发后方支持能力。扶持发展大洋勘探开发业，争取设立国家大洋勘探基地，加强大洋深海资源及相关科学研究，积极发展海洋环境探测与监测工程、海洋资源勘查与利用工程、深海作业装备工程。争取国家远洋矿产资源接收储运与研发加工基地落户，成为我国深海远洋矿产资源开发前沿阵地和战略性资源接收储运加工与冶炼试验中心。

积极利用海洋新能源。以嵊山、摘箬山、东极等海岛为示范基地，开展海上风能、太阳能、波浪能等的耦合开发，探索风电"非并网"模式，推进"风光储柴"或"风光储气"综合利用工程，拓展风电利用领域。探索潮流能、潮汐能规模化开发，扩大海洋能利用范围。推进太阳能广泛应用。积极开展天然气水合物的勘查和开发利用研究。科学布局一批具有示范意义的清洁能源岛。

> **专栏5：**
>
> **海洋资源综合开发利用产业**
>
> 建设摘箬山岛清洁能源研发试验基地、长白岛清洁能源综合应用示范岛、长峙岛光电应用示范岛、龟山航道潮流能研究及产业化基地、LNG发电厂、舟山近海风电场等项目。

第五节 海洋生物医药产业

以舟山海洋生物医药产业园区为主平台，引进、培育一批优秀科研机构和企业集团，培育海洋生物产业，打造我国重要的海洋药物与海洋生物产业基地。加快海洋药物关键技术的研发与突破，深化研究海洋生物活性物质的提取、结构和功能，研制一批有特色、高效能的海洋药物。建设舟山海洋生物医药检测和研发服务中心，加强海洋生物保健品、功能性食品、生物功能材料、海洋生物酶制剂的研发，力争突破海洋生物来源的饲料添加剂、海洋生物农药与肥料产业化关键技术，推动深海生物基因利用。

> **专栏6：**
>
> **海洋生物重点项目**
>
> 加快推进舟山海洋生物医药产业园区建设，积极深化海洋功能食品、海洋生物保健品、海洋生物医药等领域的产品研发和推广，开展与国内外高校院所在海洋生物医药领域的合作。

第六节 现代海洋渔业

坚持"沿岸保护、近海恢复、远洋开发"的原则,大力发展现代渔业和特色高效农业,重振舟山渔场辉煌,提升"中国渔都"国际影响力。

海洋捕捞与海水养殖。优化海洋捕捞作业结构,科学控制近海捕捞强度和生产总量。保护和修复沿岸渔场,建设海洋牧场,发展碳汇渔业。发展海洋生物育种,推广高效、生态、安全、集约的海水养殖模式。加大政策扶持,积极打造一支设施先进、装备精良的现代化远洋船队,加快推进国家远洋渔业基地和海外远洋渔业基地建设,完善配套服务,巩固全国远洋渔业龙头强市地位。

水产品精深加工和贸易。充分利用国内和国外渔业资源,加强科技攻关和技术改造,以精深加工、高值化加工及副产物综合利用为重点,提升海洋水产品加工和安全控制技术水平。建设渔港经济区,做大做强舟山国际水产城,发展多功能社会化的水产专业物流配送中心,加强水产品市场升级和信息化系统建设,打造一流的水产品贸易平台。

专栏7:

现代渔业重点项目

推进中国国际水产城改造提升工程,建设国家远洋渔业基地,壮大远洋渔业船队。建设衢山、嵊泗、虾峙等中心渔港,培育壮大沈家门、高亭、菜园、西码头、嵊山、台门、虾峙等渔港经济区。发展一批高效、生态、优质养殖示范基地。

第七章 建设我国海洋综合开发试验区

以先行先试为契机,以更深层次、更广范围、更高水平推进舟山群岛新区体制机制创新,为全国实施海洋发展战略探索新路,创造经验。

第一节 创新用地用海管理体制机制

创新土地利用管理模式。全面推进全国土地利用总体规划定期评估和适时修改试点工作。适应舟山群岛新区建设需要,编制土地利用总体规划,调减基本农田保护任务和耕地保有量,增加新增建设用地和城乡建设用地总规模指标,提高土地集约利用水平。对舟山群岛新区建设用地计划指标实行差别化管理,实行国家计划单列并予以倾斜。对舟山群岛新区发展规划确定的海洋经济重大基础设施项目、重点产业项目和重点海岛保护开发等项目,实施国家重大建设项目用地政策,按市场化机制实施国家统筹耕地占补平衡。探索跨区域平衡、省内异地平衡、"缓补"或"挂账"等耕地占补平衡途径和方式。实行差别化土地供应政策,推进"征转分离、先征后转"的土地征收审批改革。

加强对科学用海的支持。改进海域使用权登记管理制度,搭建海域使用权储备交易平台,逐步推行海域使用权招拍挂制度。加强海洋功能区划与土地利用总体规划修编衔接,创新围填海造地项目审批、供地方式和申请办理国有土地使用权证的联动办法,加强无居民海岛规划与管理。根据舟山群岛新区开发实际,合理增加围填海指标,优先保障舟山群岛新区项目建设用海，对列入国家和省重点的建设项目，开辟用海审批绿色通道，简化用海用岛审批。开展凭海域使用权证按程序办理项目建设手续试点。完善渔业水域、滩涂占用补偿制度，规范征占用程序，严格保护渔业生产与渔民权益。

第二节　创新金融和投资体制机制

完善金融机构。支持组建浙江海洋发展银行、浙江海洋开发保险公司。探索建立舟山离岸金融服务中心。放宽外资航运金融和航运保险机构经营准入，允许外资银行在舟山设立分支机构、经营人民币业务。建立大宗商品贸易结算中心，开办跨境贸易结算、离岸金融业务、离岸服务外包业务、航运保险业务。积极引入或支持国内外大型金融企业在舟山群岛新区建立涉海业务中心总部。支持各类金融机构在舟山设立或转型成服务海洋经济的专业性分支机构。支持符合条件的农村合作金融机构改制组建农村商业银行，深化小额贷款公司、村镇银行、农村资金互助社等新型金融组织试点。

丰富金融产品。实行更加开放的金融政策，积极探索具有海洋特色的大宗商品、航运等金融产品，增强海洋经济的金融服务功能。积极争取国内政策性贷款和国际贷款，鼓励银行业金融机构加大对海洋经济重点领域、重点项目、重点企业的信贷投放力度。支持设立舟山群岛新区基础设施建设基金，发行面向全国和全球的建设债券。围绕海洋产业发展导向，鼓励设立产业投资、股权投资和创业基金，大力发展金融租赁、信托等非银行金融业务，支持各类型企业在境内外证券市场上市融资。支持符合条件的企业发行企业债、公司债、可转换债、短期融资券、中期票据等债券产品。探索实行船舶碰撞强制责任险，创新海事责任保险。加快社会信用体系建设，建设中小企业信用信息数据库和中小企业信用体系示范区，加强金融监管，防范金融风险。

创新投资体制。享受省级外商投资审批权限。放宽船舶及海洋工程领域外商投资不超过50%的限制。增加国家对舟山群岛新区重大基础设施、环境保护、海岛社会民生等重大项目建设的投资补助，降低地方投资配套比例。

第三节 深化财税制度改革

中央财政每年给予舟山群岛新区开发建设专项财力补助，国家统筹设立海洋海岛开发保护专项资金，用于海洋海岛综合保护示范区的建设保护和综合管理能力的提升。将锚地、航道纳入国家基础设施规划，给予贷款贴息。国家返还舟山群岛新区港域征收的港口建设费，专项用于舟山群岛新区"三位一体"港航服务体系建设。从舟山口岸海关税收中提取一定比例，设立口岸建设专项资金，用于舟山群岛新区口岸配套建设。支持舟山群岛新区发行地方政府债券。

研究制定舟山群岛新区海洋经济优先发展产业指导目录，并减按15%的税率征收企业所得税。将舟山群岛新区物流企业纳入国家物流企业税收优惠试点范围。舟山群岛新区内企业开展离岸贸易、离岸金融、航运服务业务，参照技术先进型服务企业，给予税费优惠。舟山群岛新区开展海外船舶融资租赁业务的企业，实行出口退税试点。研究制定支持远洋渔业、渔船改造、渔港改造等优惠政策。支持国家物资储备基地企业、国家海洋产业重点企业、东北亚物资储备基地企业和国内外航运、物流重点企业在舟山群岛新区注册，税收实施属地管辖。鼓励在舟山港综合保税区发展中转业务，实行中资"方便旗"船特案减免税政策、启运港退税政策。

第四节　创新民营经济发展方式

全面落实国家支持民营经济和民间投资的政策措施，凡国家法律法规未禁止进入的行业领域，民营企业均可进入。鼓励民营企业和民间资本投资基础设施、公用事业、金融服务等领域。制定鼓励企业并购重组的土地、税收、信贷等方面激励政策，推进民营企业并购重组。支持民间资本发起设立中小金融机构，允许组建专业性民营担保公司，开展涉海中小企业联保贷款试点。探索建立民间借贷登记服务中心，将非持牌类金融组织纳入监管轨道。创新中小企业信用建设机制，探索信用信息服务市场化。鼓励民营企业投资海洋新兴产业，引导民间资本向园区和重点产业集聚。支持民营企业海洋科技创新、管理创新和市场创新。加大对中小企业技术创新、改造财政贴息力度，制定创新成果产业化项目扶持政策。建立民营企业与外资对接的科技与人才服务平台。支持有条件的民营企业到港澳和境外设立、兼并和收购研发机构。

第五节　统筹城乡综合配套改革

围绕渔农村产权制度、户籍制度等重点，开展各类配套改革试点工作。加快推进农村土地、房屋等各类产权的确权登记颁证，积极引导确权后的产权交易流转，探索建立渔农村宅基地和集体建设用地产权交易平台和市场化流转办法。组织实施农村土地综合整治示范工程，以乡镇为单位，积极尝试宅基地跨村使用。优化海岛城乡建设用地空间布局，开展低效利用建设用地"二次开发"的试点，探索低丘缓坡土地综合开发利用新模式。积极发展村镇银行、农村资金互助社等新型金融组织，扩大农村有效抵押物范围，加大商业银行"三农"信贷投入，切实增加农村金融供给。进一步放宽农村人口进入城镇的条件，加快消除人口自由流动的体制障碍，完善以经常居住地为户口登记基本形式，加快构建城乡融合的户口管理制度。完善渔农业经营管理体制机制，推动渔农业市场化、规模化、效益化经营。建立促进城乡基本公共服务均等化的体制机制，实现呈现基本公共服务一体化。

第六节　创新行政管理和海洋管理体制

创新行政管理体制。赋予舟山群岛新区省级经济社会管理权限，设立浙江舟山群岛新区管委会，精简行政层级，实行舟山群岛新区管委会和功能区、街道两级管理模式，建立与舟山群岛新区建设发展相适应的机构精简、职能综合、结构扁平、运作高效的行政管理体制。简化审批程序和环节，建立公开透明、规范简便的审批制度，提高行政效能。

创新海洋管理体制。发挥海洋、海事等涉海主管部门的职能作用，探索建立海洋联合执法、海洋海岛综合开发与保护等领域的综合协调机制。加强执法队伍和装备建设，完善海上执法预警系统和应对海上突发事件快速反应工作机制，形成统一高效的联合执法体制。

第八章 建设我国陆海统筹发展先行区

统筹陆海协调发展，推进陆海联动重大基础设施建设，加强产业对接和互补发展，统筹陆海污染同防同治，加强国内区域合作，完善海洋经济发展动力机制，提高保障能力。

第一节 建设陆海联动的基础设施体系

坚持海陆联动，统筹综合交通、水利、能源、信息、防灾减灾等重大基础设施网络布局，加强综合协调，为舟山群岛新区发展提供保障。

完善综合交通网。规划建设环杭州湾东方大通道，加快建设六横-宁波疏港公路，逐步建设舟山岛-岱山岛-大洋山岛-上海公铁两用大桥和舟山岛-六横岛桥隧工程，适时建设甬舟铁路、城市轻轨，形成连接上海、宁波快速便捷的陆岛交通。加快推进舟山岛快速通道、南部海湾大通道等建设，建成主要大岛环岛公路。开展甬舟铁路、城市轻轨项目前期研究工作。优化港口集疏运基础设施，支持符合条件的货主码头改建为公共码头，提高泊位利用效率。加强重要航道、锚地、引航基地的规划建设。推进普陀山机场扩能改造，加密通向国内主要城市的干线航班，适时开辟港澳台和国际客运货运航线。加快推进低空开发，提高岛际旅游、紧急救助配套服务能力。

研究报告一：浙江舟山群岛新区发展规划研究（草案）

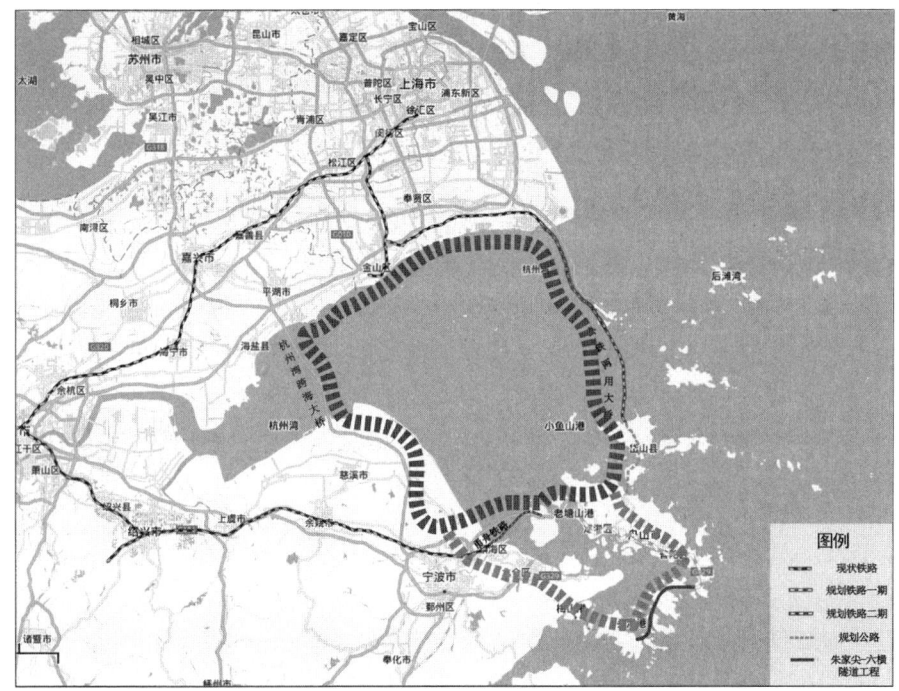

图 1-4　舟山群岛新区环杭州湾交通大通道

完善能源保障网。推进六横电厂、舟山电厂二期等电源工程建设，规划建设 LNG 发电厂，完善独立海岛离网能源保障系统。加快建设 220 千伏舟山与大陆联网第二通道和 500 千伏舟山输变电工程，加快完善舟山岛与主要大岛的 220 千伏电网主骨架，加快形成厂网协调、电压等级匹配的电网网络。建设舟山岛-岱山岛-衢山岛-小洋山岛-泗礁岛的多端柔性直流输电工程。

完善水资源利用网。推进重要水源和引水工程建设，加快推进大陆引水三期建设，积极推进嵊泗大陆引水工程，建设一批岛际引水、本地蓄水工程，推进一批海水淡化、中水回用和雨水利用项目建设，增强水资源保障能力。加强饮用水源保护，加大节水技术和供水厂网建设改造力度。

完善海洋信息网。引入新的通讯和信息技术，建立统一的物流、航运信息服务中心。建设海洋空间基础地理信息系统和海洋信息服务平台，构建海洋立体观测体系。建立面向海洋保护、海洋防灾减灾的动态监测与评价系统。建设海底监测网络，构建深海研究实验平台。

完善海洋防灾减灾网。开展气象、地质灾害预警监测，推动建立区域共同防范自然灾害的长效机制。建设海上安全生产和应急救助信息系统，规划建设避灾避难安置场所和救灾物资储备仓库，提高海上救生和救助服务水平。建立海洋防灾减灾应急指挥平台，完善沿海防潮体系、标准化海塘工程、山塘除险加固、城市防洪排涝工程，提高海岛防潮、防洪和抗旱能力。继续推进标准渔港建设，进一步抓好防台风设施建设。健全沿海防护林体系，提升海岸防护能力。

第二节　加强产业对接和互补发展

加强舟山群岛新区与内陆地区产业、劳动力合作。以舟山海洋产业聚集区为载体，广泛吸引内陆地区以各种形式参与舟山群岛新区建设，积极与内陆地区开展经常性的交流洽谈和项目对接活动，着力推动海岛与内陆优势互补，重点解决内陆企业在项目用地、技术人才支撑等方面需求，为项目顺利实施创造良好条件。

第三节　加强陆海污染综合防治

加强沿海城镇和临港工业区污水处理设施建设，完善配套管网，实现污水集中处理和达标排放。加强海岸（洋）工程、陆源入海排污口和船舶污染监督监测力度，控制海洋开发利用活动污染物排放和海洋倾废，推进海陆污染同步监督防治。制定渔船废水排放标准，严格控制船舶污水排放，加快建设防溢油应急体系和基地。加强海洋环境风险管理，建立和完善海洋环境立体监测、废弃物海洋倾倒监管、海洋自然灾害及海上突发事件响应等机制，推进涉海环境联合执法和跨区域海洋污染防治。

第四节　加强国内区域合作

推进与上海、宁波深度合作。围绕共同建设上海国际航运中心，进一步完善沪、甬、舟三地港口合作机制，扩大和深化三地在产业、金融、科技、人才、信息、政策、资源、基础设施等领域的全面对接和合作，主动接受沪、甬辐射和带动，实现资源共享、优势互补、差异竞争、共同发展。加快建设环杭州湾东方大通道，强化三地快速客货运交通通道建设，形成北接上海、西接宁波的环杭州湾交通大格局。共同推进小洋山北侧陆域综合开发和洋山深水港建设，加强与宁波在陆向通道、供水、能源等重大基础设施建设方面的对接和谋划。加强三地海洋生态环境联合保护，建立海洋环境监测和灾害预防合作机制，深化海洋生态修复合作，共享蓝色海洋。

加强长三角区域合作。加强与长江沿线港口间的合作，共同开发海洋资源能源。加快跨省铁路、高速公路、航运建设，推进区域交通网络一体化。以产业对接、基础设施、旅游合作、金融信息、科技人才等为重点，支持推进长江三角洲地区协同建设统一开放的市场体系和涉海公共服务体系。以江海一体化和江海联动治理为原则，统筹制定和实施水环境综合治理规划，标本兼治，综合治理，逐步修复河流生态系统，共同改善长三角下游及近海海洋水质。

第九章 建设我国海洋海岛综合保护开发示范区

坚持开发与保护并重、修复与保护并举的方针，严格执行海洋功能区划，全面加强海洋海岛资源管理，形成资源节约型、环境友好型的产业结构和消费模式，整体推进舟山群岛新区海洋生态文明建设。

第一节 创新海岛开发保护模式

认真组织实施海洋功能区划、重要海岛开发利用与保护规划、无居民海岛保护与利用规划，实行岸线、海岛分类指导与管理。科学确定海岛主体功能，对具备开发基础与条件的重要海岛，强化开发建设过程中的保护，实现环保设施与主体功能建设同步。对暂不开发的岛屿，科学规划生态保育模式，预留发展空间。合理规划开发海岛岸线资源，实现港口差异化发展和集聚效应。通过海岸带更新、改造和整理，按照"陆域生态经济+自然岸线+岸线植被保护"的模式，构建新型的海岸带空间。

第二节 科学开发滩涂资源

在保护和改善生态环境的前提下，通过滩涂围垦、盐田废转等方式，科学开发利用土地资源。科学论证、合理推进填海工程，重点研究鱼山、大长涂、六横、金塘岛扩岛工程，综合考虑岱山、衢山、泗礁等地扩岛围垦，加快推进洋山地区围垦工程。引导鼓励人工促淤，提高滩涂自然淤涨速率，恢复滩涂"再生"能力，实现滩涂资源保护和开发利用间的平衡。

第三节　推进海洋生态保护和修复

加强海洋资源保护与管理。实施重大海洋生态保育工程，推进渔业资源养护、湿地保护与修复和海域生态保护计划。加大海洋特别保护区建设力度。加强湿地保护和生态修复，建立重要湿地生态保护区，推进以滨海湿地、海蚀海积地貌、花岗石地貌为特色的生态公园建设，对部分景区实行"轮休"或"限流"措施，确保海洋旅游可持续发展。加强对海上采砂、滩涂围垦等涉海项目工程监管，保护海底生态环境。

加大舟山渔场保护力度。以舟山辖区及外延海域为振兴舟山渔场示范区，加强生态修复和资源恢复力度，科学开展人工鱼礁设置、海藻场培育、栖息地环境改造和增殖流放。设立带鱼等种质资源保护区、增殖放流保护区、人工鱼礁建设区，加大重要经济动物繁殖、索饵、洄游与栖息地保护力度。优化休渔期制度和禁渔区制度，恢复舟山渔场渔业资源生成量。

第四节　大力发展循环经济

构建海洋经济循环链。鼓励临海电力生产企业利用余热，进行工业用途的淡化海水生产，实现余热的回收再利用。探索建立可再生能源发电-海水淡化-海水晒盐等产业集成，利用海水淡化产生的浓水，生产轻质碳酸钙、轻质碳酸镁、纯碱、锂盐、溴素等高附加值化工新材料产品。规划建设一批循环经济型园区，在水产加工、船舶修造、海洋工程等行业推进产业循环式组合。探索开展碳汇农业和碳汇渔业试点。

第五节　建设生态功能网络

以山脉、水系为骨干，围绕山、林、江、海等要素，构建"一区一廊多沿多片"的生态功能网络支持系统。"一区"指舟山岛山体生态保护区。"一廊"指沿金塘岛-册子岛-舟山岛-朱家尖岛的生态走廊，两者共同构成本岛重要的生态屏障。"多沿"指沿海区域防灾减灾应急救助体系和生态安全保障体系。"多片"指城市和工业区绿色通道。加强海洋特别保护区、重要渔业资源保护区、海洋自然保护区、生物物种自然保护区、饮用水源保护区、滩涂湿地保护区、生态公益林保护区和基本农田保护区的保护与建设。推进沿海防护林体系建设，以重要生态功能保护区、滨海湿地、沿海防护林、高等级公路、城镇景观林带为主构建滨海生态廊道，打造"绿色舟山"。

第六节　提高居住环境质量

加强污染治理，推行清洁生产，做好化学需氧量、氨氮、二氧化硫、氮氧化物等主要污染物排放总量控制工作。全面推进城乡环境卫生整洁行动，全力创建国家环保模范城市，不断改善城乡人居环境。

第十章　建设我国海洋科教文化中心和海岛和谐社会

全面落实科学发展观，大力实施科技兴海战略，加强海洋实用研究和成果转化，提升海洋文化软实力，构筑我国重要的海洋科教文化中心。着力改善民生，加强社会建设，创新社会管理，维护社会和谐稳定。

第一节　建设国家级海洋科教中心

增强海洋科技创新和转化能力，大力发展教育事业，建设人才集聚高地，提升海洋科技综合实力。

增强海洋科研创新和转化能力。加强科技创新载体和平台建设，高水平推进建设创新载体和平台，全面提升海洋科技攻关、成果转换和服务水平。扶持建设一批海洋科研基地和孵化器，支持国家海洋重点实验室（工程中心）建设，加快国内外重大海洋科研成果转化落地，构筑我国新兴海洋科技研发转化基地。加快建设科技创新载体，支持涉海企业联合研发机构和高校，组建船舶与海工装备、海水综合利用、海洋生物医药、海洋勘探开发、海水淡化、海洋能等领域的创新战略联盟。完善海洋科技信息、技术转让等服务网络，促进创新成果转化，规划建设舟山国家海洋技术交易服务与推广中心。利用物联网、云计算和智能终端等现代信息技术手段，加快海洋信息网络建设。

加快实现教育现代化。坚持教育优先发展战略，围绕全面实现教育现代化目标，推动形成公平普惠、优质均衡的基础教育新格局。加快发展海洋职业教育，加强涉海职业学校建设，建设渔民转产转业培训和国际海员培养基地，办好国际海运职业技术学院，推进国际海员培养基地二期建设，培养应用型人才。高水平、高起点规划海洋高等教育发展，有序引入国内外知名院校到舟山合作建设海洋类院校，把舟山建设成我国重要的海洋高级专门人才和拔尖创新人才培养基地。支持浙江大学海洋学院建设，努力把浙江海洋学院升格成为综合性海洋大学，建成一批高水平重点学科，组建一批舟山"虚拟大学园重点实验室平台"，强化与涉海科研院所、企业的产学研合作。着力推进教育先行先试，创新体制机制；用国际视野来把握和发展教育，积极试行双语教育，提高教育国际化水平。加快教育信息化步伐，完善教育经费保障机制。

打造海洋人才高地。加大海洋经济人才引进力度，积极实施"舟山英才""531"海外引才等重点工程，探索建立"海洋创新人才特区"，优先引进高层创业、高端创新、高级管理和高端金融信息人才。建立健全人才培养、引进、激励机制，建设我国海洋高端人才聚集地和人力资源富集区。坚持招才引智与招商引资并重，加大海内外高层次人才和合作伙伴、合作团队引进力度，带动相关资金、技术以及人脉集聚。建立海洋人才梯度培养机制，实施千名青年企业家、千名青年英才培养和高技能人才振兴工程。完善人才创新创业服务体系。

第二节　建设国家海洋文化中心

广泛吸收现代文明成果，整合提升舟山海洋历史文化、民俗文化、宗教文化、生态旅游文化，融合成特色鲜明的海洋文化，推进海洋文化名城建设，走在全国沿海地区发展海洋文化的前列。深化完善以"勇立潮头、海纳百川、同舟共济、求真务实"为主要内容的"舟山精神"，推动社会核心价值体系大众化、具体化。巩固创建国家卫生城市成果，积极创建全国文明城市，提升市民文明素质。牢牢把握正确舆论导向，加强对外宣传,大力提升舟山群岛新区形象。完善公共文化服务体系,加快建设和提升一批标志性重大公共文化设施,打造海洋文化地标,积极完善基层公共文化设施和服务网络。积极保护舟山历史文脉,深度挖掘海洋人文资源,创作一批海洋文化精品。推进文化与旅游、资本、科技深度融合,大力推进文化旅游业、节庆会展业、文化创意产业等重点文化产业发展。规划建设国内一流的海洋文化主题公园,推进海洋文化产业园区建设。

第三节 全面提高民生保障水平

提高城乡就业水平。建立市场化的就业促进体系,深化市、县(区)、乡镇(街道)、社区劳动保障和就业服务的三级网络四级管理体系建设。完善创业扶持政策,开展创业培训,加强渔农民培训。发挥政府、工会和企业三方机制作用,建立和谐劳动关系。

提高居民收入水平。实现城乡居民收入与经济发展同步增长,健全工资收入分配制度,统筹协调机关、事业单位和企业工资收入分配关系,千方百计增加渔农民收入,及时提高最低工资标准。逐步缩小不合理的收入差距,形成公正合理有序的收入分配格局,提高中等收入者比重。

提高社会保障水平。完善社会保障制度体系,健全基本养老、基本医疗、失业、工伤、生育保险和最低生活保障及社会救助制度。扩大城镇基本养老保险覆盖范围,健全新型渔农村养老保险制度。巩固扩大基本医疗保险参保率,扎实推进城乡统筹,提高保障水平,做实全民医保,有效降低群众就医负担。加强住房保障体系建设,大力发展公共租赁住房,继续推进廉租住房、经济适用住房建设。

提高全民健康水平。加强公共卫生体系建设,建立疾病预防控制联防联控机制,优化医疗卫生资源配置,积极推进公立医院改革,加强城乡基层医疗卫生队伍建设,有效提升医疗卫生服务水平和效率。逐步建立城市医院与社区卫生服务机构、渔农村医疗卫生机构分工协作和对口支援机制，形成结构合理、分工明确、运转有序的医疗卫生服务体系。

第四节 加强和创新社会管理

深入开展"网格化管理、组团式服务"工作，坚持抓本治源，建立完善多元化的矛盾化解机制，积极预防和妥善处置各类群体性事件。改善流动人口服务管理，做好特殊人群的帮教管理工作。加强对涉及群众生命、财产安全的食品药品和重点产品质量安全监管，加强城乡专业公共卫生体系建设，提高突发公共卫生事件处置能力和公共卫生应急保障水平。加强预防预警和应急处置体系建设，增强有效应对各种自然灾害、事故灾难等事件的能力。改进沿海边防治安管理服务，加强预防打击偷渡、走私等违法犯罪工作。加强社会治安综合治理，坚持打防并举，进一步健全社会治安防控体系，扎实推进"铁桶固防工程"，依法严厉打击各种犯罪活动，维护国家安全和社会稳定，保障人民群众安居乐业。

第十一章　加强规划实施组织领导

建立高效的规划实施组织领导体制,健全规划实施跟踪、监督和评价机制,切实保障规划的全面实施、有序推进。

第一节　加强组织领导

本规划由浙江省人民政府组织实施。浙江省人民政府要举全省之力推进舟山群岛新区建设,切实加强对舟山群岛新区建设的组织领导,制定实施意见,明确工作分工,完善工作机制,落实工作责任,统筹推进舟山群岛新区建设各项工作。成立浙江省舟山群岛新区开发建设领导小组,由省政府主要领导担任领导小组组长,省政府分管领导担任副组长,牵头负责舟山群岛新区建设的统筹协调工作,省委、省政府各部门要把舟山群岛新区建设列入重要工作日程,按照职能分工推进相关建设工作。

第二节　形成各方合力

国务院有关部门要按照职能分工,加强对舟山群岛新区建设的支持和指导,建立省部际联席会议制度,定期召开舟山群岛新区推进现场会,协调解决舟山群岛新区建设中的困难与问题。国家各相关部门要提出支持舟山群岛新区建设的具体措施,在规划编制、政策实施、项目安排、体制机制创新等方面予以积极支持。加大对舟山群岛新区的产业布局、重大项目、重点工程和重要基础设施的支持力度，在开展相关领域改革试点示范工作时优先考虑布局在舟山群岛新区。要加强各部门之间，尤其是沪苏浙"两省一市"政府部门之间的沟通和协调，指导和帮助地方解决规划实施过程中遇到的问题。国家发展改革委要重点加强对规划实施情况的跟踪分析，做好各项工作和政策措施落实的督促检查，会同国家海洋局和浙江省人民政府组织开展规划实施情况评估和监督，重大问题及时向国务院报告。

第三节 近期建设重点

依据舟山群岛新区上述发展规划，要明确近期舟山群岛新区发展重点和建设时序。近期重点发展港口物流、临港工业、港航服务业、海洋旅游业等产业，加强交通、水源、电力等基础建设，实施一批重、特大项目：大长涂石化储运中转一期项目，衢山船舶加油补给中心及大宗商品储运中转项目，洋山港航物流项目，舟山港综合保税区基础设施与产业项目，LNG储运中转贸易项目，鱼山岛炼化一期项目，高端船舶和海洋工程装备项目，海洋能源开发项目，海洋生物与医药园区项目，远洋渔业基地项目，朱家尖自在岛项目，浙大海洋学院建设项目，环杭州湾东方大通道一期项目（六横跨海大桥、岱山跨海大桥），舟山岛快速通道、南部海湾大通道项目，舟山海洋科学城小干海上金融商务区项目，大陆引水、海水淡化、中水回用等水资源项目，钓梁、小郭巨、仇家门、金塘北部、小洋山北侧、马关、青沙等一批重大围垦项目。

第四节 加大实施力度

舟山市有关部门要依据本规划，修订城市规划和土地利用总体规划，编制相关专项规划，制定细化方案和具体措施。要加强本规划与浙江省相关规划相衔接，组织实施产业发展、基础设施、环境保护、社会民生等专项规划，并按照规划确定的战略定位、空间布局和发展重点，选择和安排建设项目。研究制定规划实施意见和具体工作方案，加强对规划实施的监测评估、综合评价和绩效考核。完善社会监督机制，健全政府与企业、民众的信息沟通和反馈机制，鼓励公众积极参与规划的实施和监督，形成全社会支持舟山群岛新区建设的良好氛围。

建设好舟山群岛新区，对于深化海洋管理体制改革、创新海洋海岛综合保护开发方式、加快转变经济发展方式具有重要意义。国家有关部委和浙江省要统一思想，密切配合，开拓创新，扎实工作，共同推动舟山群岛新区又好又快发展。

研究报告二：

大洋山开发开放模式创新研究

(2014 年)

课题组组长：郑新立
成　　员：陈永杰　徐　伟　刘　森　綦鲁明

上海国际航运中心洋山深水港区是我国进入21世纪后投资建设的最大港口，它在工程建设进展、运输能力增强、运营效益提高、制度管理创新等方面都取得了巨大成绩并明显超出预期。港区已成为上海港的重要组成部分，为将上海建设成为世界航运中心发挥了关键作用，为上海、浙江乃至长三角地区经济发展作出了重要贡献。

在中国经济发展新的历史时期，上海国际航运中心要进一步发挥世界航运中心作用、提升国际集装箱运输地位，为长三角、长江经济带乃至全国经济作出更大贡献，在各种可能的方案中，重要的选择之一是：进一步开发洋山港区，加快推进小洋山北区建设，着手开发大洋山深水港区，为上海港区进一步大发展打开新的空间。

大洋山深水港区建设，要以真正实现浙江与上海双方共赢、中国经济总体大赢为目标，在借鉴小洋山港区开发经验的基础上，进一步创新开发开放模式，搞好顶层设计，尽早做出决策，提出规划方案，着手开发建设，争取早日建成世界级的现代化新型深水港区。

第一章　小洋山开发成效超目标、影响超预期

开发大小洋山深水港是21世纪初国务院做出建设以上海为中心、浙江和江苏为两翼的上海国际航运中心战略决策的重要举措。在上海、浙江和交通部等地方和部门的共同努力下，经过十多年的开发建设和运营发展，先期开发的小洋山港区成效超目标、影响超预期。

第一节　小洋山港区开发建设超目标

小洋山岛具有得天独厚的建设世界级深水大港的天然条件。小洋山港区工程建设于2002年上半年开工，2005年12月开港，开发建设进展迅速。按一次规划、分期实施的计划，自2002年至2020年分四期建设，工程总投资700亿元，共建设30个深水泊位、年吞吐能力达1500万标箱，使上海港的集装箱通过能力提高近一倍。通过十多年的开发建设，各方面都超目标实现，令中国与世界瞩目。

一、提前完成三大基础设施建设

一是完成三期深水码集装箱头建设。工程投资大，进度快，质量高。目前第四期建设已经开展。三期建设形成码头岸线5600米，集装箱深水泊位16个，可全天候接纳世界最大型集装箱船舶满载靠港。二是建成东海大桥。大桥连接上海本土与外岛的洋山港区，总长32.5公里、面宽31.5米，投资200多亿元，是中国大陆第一座跨越外海的大

桥，国内排名第三以及世界排名第四的跨海大桥。三是建成芦潮港区。港区地处上海，是洋山深水港的陆地配套建设工程，是洋山港区的重要城市依托和集疏运基地。

二、集装箱吞吐能力超目标实现

洋山港区一、二、三期工程集装箱设计能力为930万标箱，建成投产后吞吐量持续快速增长，远超当初设计能力。从开港第一年即2006年的324万标箱，到2013年的1436.48万标准箱，年均增长30%以上，是我国增长速度最快的集装箱港口。第四期港区建成后，集装箱吞吐量将超过1600万标箱。小洋山港区取得的运输成果已经体现了洋山深水港区的区位优势和决策的效果。

第二节　小洋山港区综合作用影响超预期

小洋山港区投入运营后，各方面作用发挥突出，影响超预期，为长三角地区和长江流域经济发展作出了重要贡献。

一、成为舟山群岛新区和中国（上海）自由贸易试验区共同的开放前沿阵地

小洋山现已成为我国对外开放新格局中的一个重要前沿阵地，其重要性大大超过预期。2011年6月，国务院批准设立浙江舟山群岛新区。舟山群岛新区将被打造为面向环太平洋经济圈的桥头堡，也将成为我国大宗商品储运中转加工交易中心、东部地区重要的海上开放门户。2013年7月，国家正式批准建立中国（上海）自由贸易试验区，上海港将进一步实现并发挥世界航运中心作用、提升国际集装箱运输地位，为长三角、长江经济带乃至全国经济作出更大贡献。洋山作为两地的连接点，两地发展的战略目标使得必须进一步开发洋山港区，加快推进小洋山北区建设，着手开发

大洋山,为两地进一步大发展打开新的空间。

二、为优化我国港口运输布局结构发挥了重大作用

小洋山港区的建设运营,在一定程度上改变了中国、亚洲乃至世界航运业的格局。长三角、中国北方地区诸港口甚至于韩国等地的集装箱,相当一部分转到了上海洋山港保税区中转出口,明显优化了中国沿海港口运输的结构,提升了我国在国际集装箱运输和整个航运中的地位与作用。

三、为上海港成为世界第一大港发挥了关键作用

小洋山港区的开发,弥补了上海缺乏深水岸线资源的缺陷,提高了上海国际航运中心港口通过能力,使得洋山保税港区成了上海国际航运中心的重要载体。小洋山港区已初步搭建起了多位一体的综合集疏运体系,成为上海打造"国际航运中心"的核心工程。上海港集装箱吞吐量稳居世界第一,主要得益于长三角和整个中国经济的快速发展,也得益于小洋山港区的建成与运营。洋山港区建成后,上海港集装箱运输吞吐量增长更加迅速。2008—2013年,上海港集装箱吞吐量从2801万标箱提高到3361.7万标箱。其中,小洋山港区从797万标箱提高到1436.48万标箱,小洋山港区占比由28.45%提高到42.7%,水水中转箱数占比超过50%,小洋山集装箱吞吐量是上海港吞吐量增长的主要来源。

四、为浙江经济长期稳定发展作出了重要贡献

小洋山港区的发展为实现舟山群岛新区发展建设成为国内物资资源的货物转储运集散中心、北方物流基地和运输大通道、作为宁波舟山港为长江流域服务的国际国内货物中转基地起到了积极的带动和促进作用。特别是小洋山港区的建设发展,尤其是随着集装箱吞吐量的不断增长,上海港对于浙江的补贴相应不断增加,改变了嵊泗县长期财政紧张的状况,大大

提升了嵊泗县的基础设施建设水平，明显改变了小洋山岛上的原居民生活水平和居住条件，提高了嵊泗县居民的就业水平和综合素质，为嵊泗县经济社会发展奠定了较好的基础，贡献显著。得到了嵊泗县大小洋山岛居民的普遍欢迎，并期盼上海港加快开发大洋山岛。

第二章　小洋山模式成功经验与面临问题

小洋山港区开发建设与运营管理，为我国跨区域发展提供了重要的经验借鉴。但是，由于洋山港区行政区划隶属于浙江，投资建设和经营管理以上海为主，双方在税收分配、统计归属等方面一直存在不同的看法，需要加强沟通予以解决。

第一节　小洋山开发模式成功经验

小洋山开发是我国统筹区域经济协调发展、实现区域性资源优化共享、促进港口功能合理布局、探索区域优势互补、发挥相关区域资源优势、相互促进、相互带动、以强补弱、实现局部双赢的一项重大试验和创新。

一、为两地共同发展探索了新路径

2002年浙沪签订了《上海市 浙江省联合建设洋山深水港区合作协议》，提出以"四个不变"原则即行政隶属关系不变、属地财政税收不变、投资主体多元化不变、吸纳劳动力优惠政策不变，作为联合建设洋山深水港区的基本原则。在此前提下，上海市调动有关力量对小洋山进行了开发和建设，形成了国际航运查验体系，建立了国家直属管理的机构、浙江和上海联合管理的机构，合作开发企业。建起了连接上海和江苏地区的运输通道和东海大桥，建成了一系列供电、供水及配套基础设施。基础设施的建设和运营为相关政府部门和主要企业积累了建设和管理经验，并为将来进一步开发探索新的路径。

二、创造了跨区域港口建设管理新模式

建立了洋山保税港区管理委员会（以下简称管委会）。管委会由上海市组建，海关和检验检疫等部门、上海市人民政府相关部门、上海市南汇区人民政府（上海市南汇区并入浦东新区之后，改为浦东新区人民政府）和浙江省舟山市人民政府参加，在洋山港区建设省市联合协调领导小组指导下，统一负责保税港区的日常事务管理。管委会依法接受上海市和浙江省有关行政管理部门的委托，在保税港区内履行相关行政管理职责，并负责协调和配合口岸、海关、检验检疫、港口、海事、边检、工商、税收、金融、公安、环保、海洋等有关管理部门在保税港区的行政管理工作。

三、政策叠加效应助力小洋山港区竞争力提升

一是保税港区政策。洋山保税港区作为国内最接近自由港国际惯例的试点区域，实行境外货物入区保税、国内货物入区退税、区内自用设备进口免税、区内货物交易免增值税和消费税等特殊政策。海关、检验检疫等监管部门以保税区、出口加工区和保税物流园区现有政策或监管模式的移植、运用和创新为重点，积极推进保税港区政策的落地。二是现代航运服务业政策。《关于推进上海加快发展现代服务业和先进制造业，建设国际金融中心和国际航运中心的意见》提出上海国际航运中心建设的总体目标，特别强调了要优化集疏运体系、加快发展现代航运服务业，并且把小洋山港区作为国际海运发展综合实验区，对于在洋山港区注册的国际航运企业从事国际航运的收入免除营业税，对于在洋山港区注册的从事港口装卸储存的企业从事港口储存、装卸服务的收入免除营业税等。三是江舟山群岛新区政策。浙江舟山群岛新区发展规划提出要全力打造国际物流枢纽岛，进一步提高对国家战略物资供应安全的保障能力，将舟山群岛新区打

造成为对外开放门户岛,进一步提高我国东部沿海地区的对外开放水平。四是上海自贸区政策。2013年上海自贸区成立,上海自贸试验区总体方案要求扩大航运服务业开放,提升国际航运服务能级。自贸区管委会提出加快洋山岛域国际集拼中心的规划建设,尽快实现无纸报关、散货上岛等功能,以推动实现国际中转集拼业务的规模化运作。由于小洋山地处上海和舟山群岛新区的交汇处,集中了洋山保税港区、上海国际航运中心、舟山群岛新区和上海自贸区的所有核心政策,形成了区域政策叠加特殊效应,从而提升了小洋山港区的竞争优势。

四、有力支持了舟山嵊泗县社会经济发展

一是激活了岛屿经济。大小洋山岛长期以来以渔业为主,由于大小洋山位于浙江省北部最边远地区,省级财政投入有限,市级财政比较紧张,县里财政难以为继,因此,无力投资开发相关产业,岛上各种产业几乎处于空白。通过小洋山岛的开发,岛民看到了希望,大洋山镇积极发展配套设施,相关产业经济有了起步。二是培养了人才,提升了管理水平。不少人员长期从事渔业及相关加工业,基本上没有接触过大型、现代化港口的经营和管理,小洋山的开发,吸纳了不少当地居民,充实到相关管理层和操作层,人民的观念和知识结构有了较大提高,为促进嵊泗县经济的进一步发展提供了良好条件。三是缓解了嵊泗县财政紧张状况。小洋山开发建设之前,嵊泗县的财政收入维持日程管理和医院、学校的正常运转都相当困难。通过小洋山集装箱吞吐量的不断提高,按照箱量分配的资金,由2008年的1亿元,增加到2013年1.89亿元。加上液化气公司转移支付的4650万元,2013年浙江小洋山实际收入超过2.35亿元,已经达到了小洋山投产前大小洋山镇总收入的一半。在一定程度上弥补了县里各级机构、事业单位和民生工程的正常建设和发展。四改善了岛民综合生活条件。小洋山建设过程中,对于小洋山岛民,采取了迁往上海和其他岛屿的办法,给予了当时较高的补助和生活补贴,解决了不少人员的安置和就业。虽然

随着大家生活水平的提高，对原有补助标准提出了意见，但实际上确实改变了他们的生活状况和生活质量。

第二节　洋山深水港区进一步发展面临的主要问题

上海与浙江在利益认识上有较大分歧。上海认为自己为小洋山港区建设倾注了大量人力物力财力，但一些投资列入上海基础设施建设，没有计入小洋山港区建设成本，这些投资成本没有取得相应回报。浙江认为自己贡献了大量土地和水域，但基本不能参与洋山港区的经营管理，集装箱吞吐量、港区企业的统计、固定资产投资统计等发展成果全部计入上海市，税收分配也只是获得少量的转移支付，获得的回报与付出不相称，另外港口实际行政管理浙江参与很少。主要问题是：

一、行政协调有矛盾

在实际运行中，小洋山港区行政管理权名义上归属浙江省政府，但双方协议又约定由上海市政府代管，小洋山港区域的航政、港政、治安等公共事务均由上海市有关政府部门管理，浙江实际上基本没有参与。港区地方行政管理与中央部门管理也面临协调问题。洋山港区也有保税港区管委会等各类机构属于上海市政府派驻机构或者是办事处，受上海市领导。海关、质检、海事、边防等机构都是国家有关部门在上海的直属机构，虽然都对上海国际航运中心建设发挥着重要作用，但是，上海市的有关机构对于这些查验机构不是隶属和领导关系，协调力度有限。

二、投资主体有缺位

小洋山港区实际的开发、建设和运营的投资主体为上海方面。工程建设前期由上海国际集团、上海港务局、上海国有资产经营公司三家共同出资，发起成立同盛集团为洋山港区的投资主体，负责港口子项目和物流园子项目的投融资。小洋山港区建设三大开发主体同盛物流、综合联发公司和同盛资产,承担区域内土地基础开发和招商引资服务。项目具体的建设由同盛集团下设三个全资子公司,即同盛大桥公司、同盛港口公司、同盛物流公司,分别负责东海大桥、洋山港区以及物流园配套的建设。投资主体为单一的上海方,浙江基本缺位,其投资积极性没能真正发挥。

三、分配机制有缺陷

主要是在收入分配上还未找到一个符合全要素贡献的合理利益分配机制。双方协商,小洋山港区内税收收入实行"箱量法"分配模式。每个集装箱综合收益系数标准为13.1元/标准箱,作为浙江省有关方面的收入,随着小洋山港口开发的不断深入,箱量逐步增加,动态调整了上海支付给浙江方面的资金数量。浙江省按"箱量法"和另外液化气项目应分得的税收收入,2013年已陆续增加到2.35亿元。但是,浙江方面有些人对此仍然感觉不太满意。

四、统计归属有争议

小洋山岛在行政区划上属于浙江嵊泗县,但投资建设和经营管理是以上海为主,浙江和上海在统计归属等方面一直存在争议。一是盛东、冠东、LNG等三家核心企业由上海统计。根据《上海市、浙江省联合建设洋山深水港区合作协议》的约定,目前盛东、冠东这两家公司的业务统计归上海市,只是每年向嵊泗县按港口货物吞吐量支付转移收入。上海液化天然气有限公司(以下简称LNG)注册地在上海,生产经营活动由上海市统计,一期工程和即将投入的二期工程建筑业营业税由嵊泗县征收,每年向嵊泗县财政转移收入4650万元,预计二期工程完成后,财政转移收入将会有增加。二是集装箱吞吐量等运输量统计全部计入上海港。三是依托港口发展的服务型企业由浙江统计。目前,由嵊泗县负责统计的中小型港口服务企业有11家,其中,洋山同盛联合投资发展有限公司和洋山申港国际石油储运有限公司纳入国家企业一套表统计,其余 9 家单位规模都较小。四是固定资产投资统计。目前嵊泗县只统计小洋山北侧围垦项目、洋山石油储运项目三期工程等注册地在嵊泗县的企业的投资项目,其余投资均由上海市统计。浙江省认为目前的统计未能充分反映嵊泗县近年来的经济社会发展成果。

五、税收执法有冲突

按照国家现行法律规定要求,小洋山港区属于浙江省行政管辖区域,小洋山港区内的税收征收管理权应属于浙江省。但实际操作中,浙江省地税局与上海市税务局签订委托代征协议,由上海市税务机构负责小洋山港区内纳税人的征收管理,相应的税收收入缴入上海市国库。这突破了现行分税制财政体制下税收收入归属权的规定,容易引发争议;小洋山港区内委托代征模式,对纳税人权利和义务带来了不确定性;税制改革、税收政策调整等因素,给小洋山港区税收征管权和税收分配标准带来不稳定性。

六、北侧开发进展慢

小洋山北侧产业发展方向还未明确。作为洋山港区直接腹地,加快小洋山北侧陆域综合开发,有助于形成符合国际惯例的现代港口服务功能和制度,为上海国际航运中心发展和舟山群岛新区建设提供高端的综合供应、代理、融资、保险、法律、社会生活服务等现代航运服务产业,将小洋山(包括开发后的大洋山)建设成为上海国际航运中心和浙江港航强省建设的重要组成部分。但受港区陆域狭小、离大陆较远等限制,目前物流增值、综合配套服务发展滞后。当前,由于小洋山北侧产业结构定位还未明确,这也限制了小洋山北侧的进一步开发。

七、大洋山开发难起步

大洋山岛区位优势十分明显,开发很有必要。但大洋山开发不仅涉及行政区划的冲突，更涉及相关行政区的各自经济利益，利益关系错综复杂。目前浙沪两地在洋山港区行政与经济尚未能有效融合，如何协调两地利益诉求成为大洋山开发面临的诸多不确定因素。受到现行矛盾的制约，大洋山整体开发迟迟不能提上双方议事日程。

第三章　开发大洋山深水港区的重要意义和可行性

大洋山隶属浙江嵊泗县，地处小洋山岛的南面，与小洋山隔水相望，仅距4公里，陆域面积4.19平方公里，可供开发利用的深水岸线19公里，具有与小洋山一起开发建设世界级深水大港区的天然条件。把大小洋山建设成为一个整体港区，是当年国家决策建设小洋山港区时已经提出的目标，并已经作出初步规划。按照规划的总体设想，将建设公铁两用的东海大桥二桥，加上东海大桥，使大洋山能与上海市相连。由此依托，大洋山岸线主要布置集装箱泊位、临港工业园和物流园区等。同时结合城镇规划，适当布置客运码头和国内外邮轮码头。按照现在已提出的各种规划实施方案，未来，大洋山可建20~30个深水泊位，如同再造一个小洋山港区，整个洋山港区吞吐能力可达3500万标准箱。根据洋山港区一期工程国民经济内部收益率为16.1%，高于12%的社会折现率，财务内部收益率为7.25%，高于银行6.21%的贷款利率情况看，大洋山港区开发经济效益可观。

近几年，大洋山在港口相关产业链优化发展方面已经取得一定进展，为大洋山开发建设大型集装箱港口奠定了基础。目前，长三角地区港口运输需求每年增加4亿~6亿吨，集装箱每年增加600万~1000万标准箱。外高桥港区和小洋山港区吞吐能力几近饱和，进一步大发展的空间有限，难以满足现实需要。因此，在新的历史发展阶段，进一步开发大洋山十分必要、意义重大。

第一节 有利于国家发展大战略的更好实施

大小洋山是一个自然整体，背靠内陆，面向海洋，其所处区域集"黄金海岸"和"黄金水道"于一身，海陆交通条件优越。进一步开发大洋山，建设集装箱枢纽港，辐射接纳沿"黄金水道"以及西北、西南等地的集装箱货源，将有力带动西部继续开发开放，形成东西贯通、优势互补、协作互动的格局，对东中西部协调发展，沿海沿江沿边全面开放，提高我国对外贸易综合竞争力具有重大意义。也将有力支持新时期提出的"一带一路"（"丝绸之路经济带"和"21世纪海上丝绸之路"）倡议实施，以及长江经济带建设，有效提升我国对世界经济的影响力。

第二节 有利于我国自由贸易（港）区建设整体发展

加快自由贸易区建设，提高开放型经济水平已成为我国未来重要发展战略之一。大、小洋山实为一体，与内陆相对独立、区位独特，便于对进出人员及物资实施监管，对设立独立的政策实验区十分有利。加快开发大洋山，建设集装箱枢纽港，将为加速上海自贸区和舟山自由港区建设提供基础性作用和动力资源储备，有利于两者在地理空间上衔接起来，相互联通，共同建设开发，有利于从制度上探索我国自由贸易（港）区开发开放新模式，有利于贸易、金融等开放型经济政策试点试验。

第三节 有利于舟山新区和浙江海洋经济示范区加快发展

目前，舟山群岛新区和浙江海洋经济示范区仍处建设初期阶段，发展水平较为低下，许多项目仍难落地。在此背景下，因地制宜，加快开发大洋山，建起新的集装箱港口区，通过东海大桥二桥与上海连接，形成新的港口经济，必将对推动嵊泗经济快速增长，平衡舟山群岛新区南北发展差异，实现本岛与偏远岛屿同步发展，打造面向环太平洋经济圈的桥头堡产生直接推动作用；浙江可借助上海支持和经济力量加快洋山岛建设，从而把大洋山开发作为实现共进多赢的重要抓手，为浙江、上海港口协调发展提供支撑；将对浙江优化海洋空间布局，实施海陆统筹发展，提高核心竞争力，加快推进海洋经济发展示范区建设产生有效带动作用。

第四节 有利于上海国际航运中心建设和长三角经济发展

随着经济社会较快发展，长三角港口群、上海国际航运中心的运输需求仍将大幅度增长，对港口通过能力提出了新的更高要求。目前，上海国际航运中心核心港区——上海港的港口通过能力的增长潜力几乎已挖掘殆尽。上海港新的港区选址短期内难以形成实际生产能力。因此，尽快开发大洋山岛，把大、小洋山建设成为一个整体港区，与陆地连接，有助于上海港实现6000万标箱目标，进一步提升世界航运中心作用，提高参与东北亚国家（地区）港口竞争力；有助于当前上海经济实现"稳增长"和转型升级，提升上海在全球贸易价值链中的地位；也有助于长三角区域港口形成由海洋向内陆，布局更科学、结构更合理、层次更分明的区域港口体系，这都将对上海国际航运中心建设产生巨大促进作用，为长三角经济增长极注入新的发展动力。

第五节 有利于提高洋山深水港区建设的整体效益

小洋山港区的开发，不论从道路、港口、航道、桥梁、供油供水供电等硬件公共基础设施建设上，还是从查验、监管和日常管理等软件上看，在小洋山港区建设时，对于通过能力、供应能力和技术水平等各个方面都有适当预留，积累了比较系统的运营操作经验。如果不能按照原规划对大洋山岛进行同步开发建设，不少资源都将造成相当大的浪费，难以发挥原设想的投入产出综合效益。不少设施只需稍加改造、扩能、更新就能够满足大小洋山两个港区同时运行的需要，既能够大大节省总体投资，也可以最大限度地发挥应有功能。

第四章 大洋山开发应遵循的基本要求

大洋山、小洋山北侧开发（以下统称大洋山开发）要以十八届三、四中全会精神为指导，在原有"四个不变"的原则基础上，对双方利益关系作必要调整，充分发挥双方资源优势，发挥市场对资源配置的决定性作用。在选择开发模式方面应遵循以下基本要求。

第一节 树立全局系统观念

习近平在年初听取京津冀协同发展专题汇报时指出，要着力加大对协同发展的推动，自觉打破自家"一亩三分地"的思维定式，抱成团朝着顶层设计的目标一起做，充分发挥环渤海地区经济合作发展协调机制的作用。大小洋山的开发建设，浙江省和上海市两地要本着树立全局观念，打破本位主义思维，站在国家的整体发展和长三角区域经济一体化角度设计和推进大小洋山开发开放。

第二节 大小洋山两岛开发应有效衔接

上海国际航运中心洋山深水港区的规划建设是国家建设上海国际航运中心战略的重要一环。在开发初期，已经对大小洋山进行整体考虑，对大洋山深水航道的使用，已经有了基本规划。因此，大洋山开发建设要充分考虑洋山深水港区的整体规划，优先满足洋山深水港区的开发需要。特别是对于大洋山本岛,也应当与洋山深水港区的开发建设协调统一。

第三节 投资主体多元化

要坚持开发投资主体多元化,积极发展混合所有制经济。本着市场决定资源配置、按照经济规律办事的原则,以上海和浙江国有投资公司为主导,广泛吸收各方资金投资入股,包括引进长三角与内地各类社会资本,引进境外资本,特别是国外大型航运跨国公司入股。

第四节 按要素分配收益

要按基本生产要素提供情况分享开发成果、分配发展利益,包括国土资源、资本资源、技术资源、人力资源、经营管理资源等。其中最重要的生产要素是国土资源,即大洋山的土地与海域资源。要充分认识国土资源的重要性,明显提高其在开发收益中的分配比例。鉴于国土资源的稀缺性和不可再生性,鉴于经济发展必然带动国土资源升值,建议大洋山建设土地和海域资源的利用,要采取价格或评估值浮动制。即大洋山港区建设过程中所需土地和海域,包括填海造地、平山造地,都是以使用权作价入股,该使用权价值5年评估一次,每5年均以新的评估价值参与收益分配。

第五节 行政管理集中统一

港口管理在国际上遵循一个港口由一个行政机关统一管理的原则;我国《港口法》第六条也明确规定,一个港口确定由一个部门对其具体实施行政管理,这就是港口行政管理方面的"一港一政"原则,洋山港区也应当坚持行政管理集中统一的原则。开发大洋山,与小洋山港区保持功能的连续性和开发的一致性，实行行政管理集中统一，能够更好地借助小洋山前期开发经验，加快大洋山开发进程。港口管委会依法接受上海市和浙江省有关行政管理部门的委托，在港区内履行相关行政管理职责，并负责协调和配合口岸、海关、检验检疫、港口、海事、边检、工商、税收、金融、公安、环保、海洋等有关管理部门在港区的行政管理工作。大小洋山港区管理要纳入统一指挥系统，在码头使用、航运管理、物流运输等方面要有统一调度。

第六节　集疏运管理一体化

港口集疏运体系是指与港口相互衔接、主要为集中与疏散吞吐货物服务的交通运输系统。港口集疏运系统由水运（沿海、内河）、铁路、公路、城市道路、管道及相应的站场组成，为货物完成全程运输提供重要的基础设施和衔接场所，实现物理和逻辑上的"无缝连接"，是港口与广大腹地相互联系的通道，是港口赖以存在和发展的主要外部条件。包括海上运输-港口装卸-内地运输三个环节。完成集疏运基本任务需要港口企业和航运企业互相协调、配合，为了降低成本、提高市场竞争力，结成联盟实现港航物流一体化，减少不同运输方式之间转换的成本、降低港口与航运企业互相挤压利润的局面，实现港航物流一体化，已成为港口企业与航运企业在国内外市场中求生存、共发展的重要的基本战略，是港航物流发展的趋势。港航物流一体化主要表现为港航纵向联盟一体化，其形式主要包括港航企业合资经营码头、航运企业独资收购开发经营码头、航运企业独资或合资租赁经营码头、资金领域的合作、供应链物流业务的合作。洋山港区要坚持港航物流一体化运作，提高抵御市场风险的能力，增加港口在国际领域的竞争力。

第七节　港航运营市场化

大洋山港区的建设要遵循企业市场化运作，企业的生产要素（资本、劳动、土地和企业家等）和产品的获取、交易都由市场提供和决定。降低政府对配置资源的直接配置，减少政府对企业的直接干预，企业市场化为企业带来利润最大化。港口运营主体应当遵守企业市场化运作原则，通过招标、拍卖、公开采购等方式，将运营管理权市场化。

第八节　政策利用最大化

要充分利用上海与浙江各自的政策优势，最大限度地发挥两地政策的叠加效应。大洋山地处浙江，行政区划属于浙江，因此，浙江省，特别是舟山新区的开发开放政策自然应当完全适用于大洋山。同时，大洋山与小洋山地处一域，建成后的大洋山港区与小洋山港区是一整体港区，因此，小洋山港区的开发开放政策、主要是上海自贸区政策国际航运试验区政策应同样适用于大洋山。也就是说，今后整个大小洋山港区全部纳入上海自贸区范围。

第五章　大小洋山开发基本功能定位设想

作为小洋山深水岸线的补充和完善，大洋山的海岸线作为洋山深水港的规划岸线，应充分依托小洋山深水岸线的开发与建设，主要布置国际集装箱泊位、国际航运服务区、国内货物运输集散区等，同时结合城镇规划，适当布置中高端客运码头。客货运输功能主要服务于长江三角洲地区和长江流域，借助于将同步建设的东海大桥二桥（公铁二用）和已建的东海大桥与上海市、长三角紧密相连，形成便捷的陆上运输通道。

第一节　大洋山的基本情况

大洋区域地处崎岖列岛的南部，位于嵊泗县西南海域，该区域由43个岛礁组成，陆域总面积12.74平方公里，仅大洋山本岛住人。

大洋山岛战略地理位置重要，位于衢山岛西北，泗礁岛的西南，与小洋山港区一水之隔，相距仅1海里，岛屿四周为山，中间谷地较开阔，最高点大山海拔204米。2005年陆域面积为4.19平方公里，近几年不断填海造地，现在面积已达6.66平方公里。通过围垦填海，最大可达到约31平方公里。大洋山岛海岸线总长16697米，其中基岩10214米，可利用深水岸线长达3200米，前沿水深大于20米，10米等深线距岸100～250米。后缘陆域平原为盐田，港池水域宽阔，航道顺直，进出便利，区位优势十分明显。

以大、小洋山为主要岛屿的洋山镇，主要以渔业为主。2005年国内生产总值48000万元,以渔农业为主并有一定的加工业。近几年,受宏观经济形势影响,渔业和工业产值有所下降。2012年年底,共有各类渔船330艘,实现渔业总产值24310万元;工业主要包括石料开采、医疗仪器、服装加工等以集约型生产方式为主的加工业,全年实现工业总产值21205万元;服务业正在以旅游发展为契机逐步兴起。近年来,岛上水、电、交通、通讯、金融等基础设施日益完善,渔港、海水淡化、文化广场、高档住宅、商务设施、海员服务及旅游开发等工程项目相继开工。2005年年末,洋山全镇总人口15595人,其中户籍人12227人,外来流动人口3368人,常住户5070户。近几年有所变化,至2013年年底,全镇总人口13037人,其中户籍人口11932人,流动人口1105人,总户数5047户。

第二节 大洋山开发和功能布局总体设想

一、大洋山开发的总体设想

经过多次调研和广泛征求舟山市、嵊泗县和上海市有关方面的意见,大洋山的开发要吸纳小洋山开发时全部移民的深刻教训,总体上,大洋山的开发,嵊泗县的基本思路是采取不移民、不大动主岛的方式,通过东西两侧填海造地来建设港区和配套服务区。

按照浙江省一贯坚持的管辖权问题,借鉴和完善小洋山联合开发、共同管理的主要经验,把大洋山的开发划分为两大部分:一部分是洋山岛东西两侧填海造地形成的港区和配套服务区,另一部分是在现有洋山岛基础上发展的城镇、客运、国内货运及相关产业区。

二、大洋山功能定位的基本着眼点

按照上海国际航运中心洋山深水港区发展总体思路,大小洋山区域按照统一规划、整体开发的原则,为上海国际航运中心提供国际集装箱运输的深水港区和综合服务功能区。大洋山的功能定位主要考虑以下几个方面：

一是服务于小洋山的前期开发。大洋山的开发，应保持洋山作为上海国际航运中心深水港区的基本定位，重点建设国际集装箱港区开展国际运输，要更好地借助小洋山的前期开发成果，进一步提升小洋山港区国际集装箱通过能力。同时，布局与小洋山形成功能互补的简单加工和相应配套服务的区域。这样既能够加快大洋山港区开发进程，又能够快速提高大洋山开发的综合效益。

二是要符合舟山群岛新区规划。根据舟山群岛新区的规划设想，洋山地区的功能定位是建设国际物流岛。舟山群岛新区规划的总体思路，实际上就是充分利用小洋山开发成果，把大小洋山一并开发，借助上海的资金、管理和人才优势，发展国际集装箱运输、国内货物集散运输等，相应发展岛际客运和新区内中、高端旅游客运。因此，大洋山的功能布局，要符合舟山群岛新区这种基本规划设想。

三是要能够带动舟山群岛新区的开发。按照建设洋山国际物流岛的规划设想，为了满足洋山深水港区货物集疏运的需要，必须再建设一座大洋山到上海市的跨海大桥，同时，克服第一座大桥功能单一的方式，实现公铁两用。这座大桥的建设，意义重大，将为形成舟山群岛新区环岛大通道奠定关键基础。大洋山与小洋山联合开发建设国际物流岛，完善国内物资、人员进出通道，从而能够更好地引进上海，以至于长三角的资金、管理、技术和人才等，为进一步加快开发舟山群岛新区创造更好的条件。

三、大洋山开发可分为五个基本功能区

按照关于大洋山功能定位基本着眼点的上述基本分析，我们认为，大洋山的功能大致可以划分为五个重要区域。

一是国际集装箱深水港区。通过大洋山东西两侧的填海造地，西部可形成7.5公里长、东部可形成4.5公里长，两公里宽的国际集装箱港区，

与小洋山紧密结合，进一步提高洋山深水港区国际集装箱港口通过能力，真正把大小洋山港区形成上海国际航运中心集装箱操作中心。

二是国际航运综合服务区。在东西两侧国际集装箱港区之间的连接地带靠岸边填海建设临海集装箱深水港区配套服务带，布局建设国际集装箱物流园区，进行拆装箱、拼装、维修和储存及一些简单贸易货物加工。向后延伸，在城镇内可发展为国际航运服务和舟山群岛新区建设提供综合供应、代理、融资、保险、法律、社会生活服务等现代航运服务产业。

三是国内客货集散中心。在大洋山南部布局一个区域为舟山群岛新区建设和发展调运、转运、储存国内物资资源的货物储运集散中心，为舟山群岛新区与国内其他地区进行货物交流提供必要的运输支撑。在北侧、东南侧适当位置建设能够适应舟山群岛新区内部人员往来、其他地区人员来舟山群岛新区旅游观光的具有较高档次的客运站和客运码头，形成舟山群岛新区北部水陆客运大通道，逐步形成独具特色、服务设施先进的舟山群岛新区海上客运集散中心。

四是浙江洋山海岛新城。以大洋山现有陆域，选择居民比较聚集的区域为基础，合理布局，重新规划，建设一座舟山群岛新区洋山新城。既要改善洋山居民的居住条件，又能够为洋山深水港区及相关产业职工提供良好的居住条件，围绕洋山深水港区和相关产业发展需要，建设具有鲜明特色的现代化海岛新城。

五是特色渔业加工博览中心。在大洋山东南部以已经填出的或逐步填出一些土地，保持和发展大洋山居民现有的主要产业，尤其是渔业基础，转型升级，提高档次，强化特色渔业加工工业，可以配套发展渔业博览、海港参观、海岛旅游等服务产业。

四、大小洋山综合开发利用投资初步估算

大小洋山之间的水域宽阔，但掩护条件较差，易受偏西和东北向风浪的影响；近岸水域的流速较大，不利于船舶航行和靠离泊；航道经东部的

黄泽洋与外海相连，自然水深11米左右；该海域水体含沙量较高，泥沙运动活跃。

根据大洋山作业区水域条件，其岸线利用设想为：由大洋山岛向东、西两翼发展，向东与马鞍山岛连接形成4.5公里的深水岸线，向西与唐脑山连接形成7.5公里的岸线，西端为远期规划的东海大桥二桥（公铁二用）。由此形成的大洋山岛链与已建的小洋山岛链隔水相望，为沟通大、小洋山二支岛链，拟在唐脑山与"小洋山西港区"之间的喇叭口（喇叭口8～9公里）设置港内连接大桥，同时利用港内大桥的中部水域吹填成陆形成人工岛，该岛由于紧邻小洋山作业区，也可作为集装箱泊位，岸线长约6公里，另有1公里岸线位于人工岛东端，可作为港口支持系统岸线；大洋山西侧岸线紧邻东海大桥二桥和港内连接大桥附近或大洋山北侧适当区域布置国际航运服务区；大洋山东侧岸线水深条件良好，处于进港航道入口，可作为远期集装箱深水岸线，主要发展集装箱远洋水水中转。而在大洋山岛的北侧，根据大洋山岛的城镇规划，主要布置城市生活岸线、对外交通的客运码头和设置供旅游观光的旅游船岸线。

开发大洋山前期基础设施建设主要有两大投资：港区陆域、公铁大桥。港区陆域，预计可形成岸线13.5公里，码头泊位约30个，其中预计建成后生产能力可达1600万TEU，建设投资约为500亿元，每年直接回报约为50亿元。东海大桥二桥（公铁两用）作为连接大小洋山的中枢，预计投资约为300亿元。加之后期物流园区等项目建设初步估算，大洋山前期基础设施建设约为1000亿元左右。

第六章　大洋山开发建设主要模式及综合比选

根据前面大洋山功能定位和功能区域划分和投资估算可见，开发大洋山投资巨大，需要发挥各方优势，解放思想，大胆创新，深入总结小洋山开发经验，积极创新管理模式。

大洋山港区开发的关键问题是协调好沪浙两地关系，特别是处理好二者利益和权益分配。要在尊重双方已有协议基础上，深入分析比较双方的优势劣势，全面听取双方新的诉求，合理平衡双方利益，积极探索有利于双方进行更深入合作的可行模式。大洋山港区开发建设，可以设计很多模式，主要的有浙江自主开发模式、以浙江为主开发、以上海为主开发、新型联合开发及浙江建设转让等五种模式可供选择。五种模式各有优劣，从全局与长远利益看，新型联合开发模式最优，是最具可行性和可操作性的模式。

第一节　浙江自主开发模式

浙江省自主开发模式，是指港口开发投资主体、行政管理主体和港航运营主体均以浙江省市县自我完成。

一、主要特点

浙江方面政府主导开发投资、行政管理和港航运营，积极招商，邀请国内外有关方面参与。

港区开发主体。以浙江省国有企业、集体或民营企业为主，按照省市规划，自主开发，自主建设，自主招商，完全由浙江省各级政府及有关部门管理。具体开发，可以政府投资，也可以进行市场化运作。

二、利弊分析

浙江港口浙江建，一是有利于充分调动浙江省各方面的积极性，利用全省行政、经济和社会资源推进开发建设。二是有利于将大洋山港区建设完全纳入浙江省海洋经济发展战略规划实施之中，特别是纳入舟山新区建设战略规划实施之中，充分协调大洋山港区、舟山港与宁波港之间在开发建设、功能结构、产业布局、改革开放等方面关系。三是有利于直接增强浙江经济实力，大洋山港区的各项经济成果与各项专业统计数据均属浙江省，理论上浙江可对大洋山岛开发完全掌控，所取得的开发成果和经济效益完全由浙江自我享用。

其弊端有：

一是投资数额巨大。浙江自我进行投资建设，大量的填海造地、港口建设、航道维护和东海二桥建设资金，都要靠浙江省各级政府通过财政资金引导进行筹集。如果举全省之力大力开发大洋山，不考虑其他地区、其他行业、其他产业的发展资金问题，不计浙江财政负担，不计投资效果、回收周期、投资回报率等，相信浙江完全可以在近期把大洋山开发建设起来。但是这种决策，不论是政府领导直接做主，或是采取民主表决，近期形成决策、实施开发的可能性都很小。

二是业务开展难。大洋山割裂与小洋山的关系单独开发，需要建立一整套通关、查验、监管等管理机构和体系，尤其是货源渠道难以保障。如果没有货源，港口投资就难以收回，难以维持港口业务正常开展。

这一模式，虽然完全由浙江主导，拥有绝对的控制权，但是，目前难以看出浙江高层具有赢得全省有关方面支持这项决策的智慧和敢于马上做出这项决策的胆魄。

第二节 浙江开发转移经营模式

浙江省开发转移模式,是指港口开发投资主体、行政管理主体以浙江省市县自我完成,把港口基础设施建成后的运营权转移给上海或其他有关方面。

一、主要特点

浙江方面政府自主开发港区,投资建设基础设施,按照行政区划开展管理。港区和相关设施建成后,把业务经营通过设施租赁、承包等方式转移给具有业务操作和管理能力的企业或相关单位运营,保证投资建设的设施保值增值。

二、利弊分析

这种模式,是第一种模式的改进版,它的突出优势是:在保持浙江的绝对管理和控制权的基础上,采取业务转租、转包的方式,避免投资回收率低或难以收回投资的结果。

不利的方面,第一,仍然是投资数额巨大,浙江近期难以承担,有可能错失大洋山近十年的发展机遇期。第二,即使浙江省举全省之力开发建设了大洋山港区及其部分相关设施,但是,在浙江的管理和完全掌控之下,谁去建设海上孤岛的集疏运体系和相关设施?谁有兴趣获取该港区整体的业务转移和设施租赁?不完善的运输通道设施建设,与小洋山港区不相协调的通关、查验、监管体系,谁租赁都难以取得预想的业务发展效果。

据专家分析,曾经迫切希望大小洋山整体开发的上海方面不会接受这种模式。最大的可能是加速使上海转向长江口人工岛的建设,或进一步联合江苏共同深化研究开发长江口北侧深水港区。

第三节 浙江为主开发模式

以浙江为主模式,是指港口开发投资主体、行政管理主体和港航运营主体均以浙江方面为主。

一、主要特点

由浙江方面政府主导开发投资、行政管理和港航运营,邀请国内外有关方面,特别是上海方面参与。

港区开发主体。以浙江省国有资产管理公司为开发主体,浙江主导开发,双方成立联合开发公司,浙江国有公司拥有联合开发公司的大部分股份(51%以上),上海方面占股比例小于浙江。港口开发建设及招商引资以浙江国有公司为主体,开发建设的资金由浙江方为主筹措,建成后由浙江方通过对外出让股权的方式将港口经营权转让,收回开发成本,实现市场化运作。

港口行政管理。浙江组建大洋山港区管理委员会,行使属地行政管理权。管委会在港区内履行相关行政管理职责,并负责协调和配合口岸、海关、检验检疫、港口、海事、边检、工商、税收、金融、公安、环保、海洋等有关管理部门在港区的行政管理工作。由浙江省实施对大洋山的港区统一行政管理。大洋山港区投资建设与经济发展规划,由浙江负责编制并上报国家有关部门。

港航运营管理。大洋山港口工程建设完成后,由浙江方面通过公开市场竞争转让给一港口集输运主体,由其按市场规则独立运营。该主体可以是单独公司,也可以是多家公司的联合。

经济利益分配。大洋山港区的企业统计、集装箱吞吐量等运输量统计、固定资产投资统计由浙江负责,税收归浙江,上海方面按照投资额度分享相应利润。

二、利弊分析

对浙江之利。浙江港口浙江建，一是有利于充分调动浙江省各方面的积极性，利用全省行政、经济和社会资源推进开发建设。二是有利于将大洋山港区建设完全纳入浙江省海洋经济发展战略规划实施之中，特别是纳入舟山新区建设战略规划实施之中，充分协调大洋山港区、舟山港与宁波港之间在开发建设、功能结构、产业布局、改革开放等方面关系。三是有利于直接增强浙江经济实力，大洋山港区的各项经济成果与各项专业统计数据均属浙江省，将提升浙江的整体经济实力和社会影响力。

对浙江之弊。一是投资风险大。以浙江为主进行投资建设，由于港口建设和航道维护的资金需求量大、回收周期长、回报率低等原因，投资风险很大，将给对浙江财政带来较大负担。二是开发难预期，业务拓展难。大洋山港区建成后，对舟山群岛新区的带动作用还有待考证，给浙江省带来的实际利益是无法预期的。三是大洋山与小洋山关系协调难。浙江需要建立一套新的港口管理机构与制度，其与小洋山港区的协调和沟通方面会存在诸多问题。同时，二者在业务取向、航道使用等方面也会存在冲突问题，影响小洋山的行政管理与港口运营管理。

对上海之利。浙江省主导开发大洋山，可能会节约上海方面的财政开支和人力资源的投入。大洋山开发，可为小洋山的业务扩展提供一些服务，可以使上海方面集中力量发展小洋山港区，避免因战线拉得太长导致港口利润降低的风险。

对上海之弊。浙江模式可能使大小洋山港区的发展与现有洋山深水港的发展形成竞争关系，二者相距很近，可能导致不利于双方的恶性竞争。大洋山港区与小洋山港区难以很好地协调发展，将会影响上海国际航运中心的建设。

第四节　上海为主开发模式

以上海为主的模式是借鉴小洋山开发经验，充分借助上海的资金和力量，利用小洋山开发运营的内在联系，推动上海主导大洋山开发的模式。

实际上，可以划分为两种：一是完全照搬小洋山模式。二是改进的小洋山模式。以下重点分析改进的小洋山模式。

一、主要特点

以小洋山港区模式为基础，但浙江方面比过去发挥更大作用、获取更多利益。

港区开发主体。上海主导开发，双方成立联合开发公司作为开发主体，上海国有公司拥有联合开发公司的多数股份（51%以上），浙江方面以浙江省或舟山市国有投资公司牵头，以港区资源入股，占股比例小（49%以下）。港口开发建设及招商引资以上海国有公司为主体，港口开发建设的资金主要由上海方筹措。

港航行政管理。对于属地行政管理权继续由浙江委托上海方代为管理。将小洋山港区管理委员会管理权限与范围扩大，同时管委会里增加浙江方面的管理人员。管委会可以依法接受上海市和浙江省有关行政管理部门的委托，在港区内履行相关行政管理职责，并负责协调和配合口岸、海关、检验检疫、港口、海事、边检、工商、税收、金融、公安、环保、海洋等有关管理部门在港区的行政管理工作。由上海市编制洋山深水港区控制性详细规划，交由浙江省依法上报国家有关部门。

港航运营管理。港口建成后由上海方对外出让股权方式将港口经营权转让，以收回开发成本，实现市场化运作。转让对象主要为现有的小洋山运营管理主体，也可以是以他为主、多家投资的联合运营主体。

经济利益分配。港区的企业统计、集装箱吞吐量等运输量统计、固定资产投资统计由上海负责,税收归上海市,港口经营利润由参与投资和经营的有关企业按股份比例收取,浙江方面按照新的协议定额获得税收分成,浙江分成收入要有比较明显的提高。

二、利弊分析

对上海之利。以上海市为主开发大洋山,将使上海港如虎添翼,国际集装箱深水枢纽港建设将加快,满足上海地区集装箱吞吐的要求,大幅提升其在东北亚地区乃至国际上的地位。大小洋山的整体开发可提高上海开发建设的规模效益,能够为上海国际航运中心建设和上海地区经济建设提供更大更好的服务。大洋山地区由上海港统一营运后,可以有效缓解目前上海港口超负荷工作的状况,能在最短时间内有效提升大洋山的吞吐量,能激发上海投资大洋山的积极性。

对上海之弊。上海方面投入资金量加大,由上海方面承担巨额的建港费用和建设港口的市场风险。在拆迁安置补助方面,没有浙江省方面的积极配合,在日常工作中上海方面可能要支出较高的土地成本,同时,上海方在与浙江省方面沟通协调方面可能会遇到阻力或者耗费较多时间。

对浙江之利。一是建设资金以上海投入为主,浙江主要以土地、海域等资源入股,同时组织动员浙江企业参与资本投入,风险较小。二是可以获得资源要素投入的更多利益分配。大洋山土地、海域资源可按市场价值评估后参与投资,将明显提升其收益,进而明显提升浙江在整个投资中的利益,包括提升税收的分成利益。三是浙江方面基本不用实质性资金投入,由上海方面为主建设舟山群岛新区北向大通道洋山——上海段公铁两用跨海大桥,将会带动舟山群岛新区环岛大通道的整体建设进程,加速舟山群岛新区以及浙江海洋经济建设步伐。四是能够以最小代价迅速带动以大小洋山为主体的新区北部经济发展。嵊泗县经济社会民生将得以极大改观。

对浙江之弊。一是浙江进一步在实际上失去对大洋山的地域行政管辖权，将受到浙江百姓在"守土有责"方面的更大指责。二是浙江难以真正实质性地影响洋山深水港的规划和建设，配套设施、洋山新城、舟山客货集散中心无法保障。三是浙江提高税收和经济发展成果分配比例的要求将难以满足。四是浙江进入管委会参与管理的人员处于配角地位，较难与上海方面管理人员协调配合。

第五节　新型联合开发模式

根据大洋山功能定位和基本区域划分，新型联合开发模式可细化分为模式一和模式二，两种模式主要内涵如下。

新型联合开发模式一：采取分区处理办法，即"一岛两制"，五个基本功能区分为两部分。第一部分，国际集装箱深水港区和国际航运服务区两个功能区，参照小洋山模式，由上海开发管理，纳入洋山综合保税区和上海自贸区、国际航运发展综合实验区；第二部分，国内客货集散中心、浙江洋山海岛新城以及特色渔业加工博览中心三个基本功能区由浙江舟山建设管理，作为一般社区、工业区，按照舟山群岛新区优惠政策规划、建设和管理。上海、浙江联合建立一个综合行政协调机制，协调和解决两大部分五个区域开发问题。

新型联合开发模式二：统一对大洋山岛全岛进行整体开发，双方采取新的方式协同管理。可双方联合投资、联合管理、共同发展、平等受益。公共基础设施与港口建设剥离，国家、上海、浙江共同投资建设第二大通道，双方联合投资港口基础设施。

一、主要特点

小洋山港区开发建设虽然也是两地联合，但浙江只是配角。新型联合模式是在现有小洋山开发模式的基础上，做到三个"明显提高"，即：明显提高浙江在洋山港区行政管理的参与权限与人员实际参与度，明显提高浙江在项目投资和港航运营管理的实际参与度，明显提高浙江在港区发展利益分配上的份额。

开发主体沪浙联合、社会多元。沪浙联合，即由上海与浙江双方共同成立联合开发公司作为开发主体。双方共同的投资份额宜不低于60%。鉴于上海投资能力优势和在小洋山港区开发建设中已经拥有的实力基础，第一大股东以上海为优。上海的投资以资金投入为主，浙江的投资以土地、海域使用权作价投入为主，同时也投入一定资金。社会多元，即联合开发公司要吸引中外投资者参与投资，成立混合所有的开发投资公司。后者既要有上海和浙江的其他国有企业、民营企业和混合所有制企业投资者，也要有海外投资者。海外投资者以选择与中国海运关系密切的世界著名海运公司与港口建设公司为主。

三方投资，共建第二大通道。开发建设大洋山港区，必须配套建设东海第二大通道。这一通道需要建成公铁两用大桥。鉴于第二大通道不仅对整个洋山港区开发建设具有不可或缺的重大意义，而且对整个舟山新区建设、上海航运中心建设和整个长三角经济区域都有重大意义，同时它还有重要的军事意义，因此，应将它列为国家重点建设工程，并由国家、上海、浙江共同投资建设。将第二大通道建设从港口基础设施建设中剥离出来，作为中央、上海和浙江共同的基础设施。三方投资的比例，在中央的主导下，通过协商决定。

资源要素市场作价、按股分红。按照党的十八届三中全会精神，以市场决定资源配置为原则，对于建港的土地、海域等资源，根据市场规则评估作价，双方可以对资源作价后投资方式进行协商，可以采取直接入股和资源租赁两种模式。

直接入股模式，浙江方面的土地与海域等资源要素以市场价格作价入股，充分发挥市场对资源的调配机制，考虑土地与海域等资源要素的价值，经评估后价格入股联合开发公司，并按照股份比例分享利益。

资源租赁模式，对于浙江方面的土地与海域等资源要素以市场价格作价后，在产权不转移的情况下，向联合开发公司出租，由联合开发公司向浙江方面支付租金，租金可以根据市场行情进行定期调整。

行政管理共同参与、集中统一。调整目前小洋山管委会机构与职能，将其职能扩大为同时负责大洋山港区开发建设与建成后的运营管理等方面的行政管理。管委会行使大小洋山全港区行政管理职能，并负责联系国家有关部委，负责洋山港区有关批准文件的申请，负责制定港口总体规划，并向国务院交通主管部门申报。对于属地行政管理权由浙江委托管理委员会代为管理，依法接受上海市和浙江省有关行政管理部门的委托，在港区内履行相关行政管理职责，并负责协调和配合口岸、海关、检验检疫、港口、海事、边检、工商、税收、金融、公安、环保、海洋等有关管理部门在港区的行政管理工作。

港口建设一个主体、市场运作。港口建设管理采取地主港模式，即联合开发公司受大小洋山港区管委会的委托，代表国家拥有港区及后方一定范围的土地、岸线及基础设施的产权，对该范围内的土地、岸线、航道等进行统一开发，并以租赁方式把港口码头租给国内外港口经营企业或船公司经营，实行产权和经营权分离，联合开发公司收取一定租金，用于港口建设的滚动发展。大洋山港区工程建设完成后，通过公开市场竞争找寻运营管理主体，由其独立经营管理，市场化运作。

原有利益维持不变，新增利益合理分配。总的原则是，双方按照其各自提供生产要素投入的贡献大小进行利益分配。鉴于大洋山港区的行政管理主体是浙江与上海政府的新型联合体，港区开发建设、港航运营是多个投资主体的联合体，小洋山发展利益浙江分享较少，小洋山作为一个整体的协调发展、共同发展的总体利益需要，综合考虑多种因素，建议从浙江与上海正式签订大洋山共同开发协议之日的第二年起，对大小洋山港区的税收和统计方式进行调整：小洋山现有企业的统计保持现有格局，在小洋山北侧和大洋山新设立的企业由浙江统计，大小洋山集装箱吞吐量等运输量指标纳入上海港统计。大小洋山港区形成的税收，在保留原按集装箱量单价由上海向浙江转移收入基础之上,新增税收由浙江与上海由双方协商分配。

二、利弊分析

联合开发模式作为平衡沪浙双方利益诉求的途径,优势明显,但协调难度较大。双方要站在双方长远发展利益、国家整体利益的高度,积极解决有关协调矛盾。

三方共赢,优势明显。一是对上海而言,既有利益基本保持不变,新增利益非常明显。大洋山开发建设后整个洋山港区的发展潜力明显增强,对上海真正建设成为世界航运中心意义重大,对上海整体经济发展意义重大,这将推动上海市政府与上海方面的有关投资主体积极参与投资建设。二是对浙江而言,能够明显增加大小洋山开发利益的分享程度,又能以大小洋山开发带动舟山新区的开发开放步伐。浙江既能够真正平等地参与大小洋山整个港区的行政管理,又能够从土地海域资源中获得不断增加的利益,还能够在大小洋山整个港区经济发展增量中分享新增利益,并且,大洋山开发建设将明显推动整个舟山新区发展,这将明显推动浙江政府与浙江方面的有关投资主体积极参与投资建设。三是对社会投资主体而言,由市场决定资源分配、按要素贡献分享收益,参与世界级大港开发建设和运营管理,是社会有关投资者的新的重大发展机遇,这将吸引中外投资者积极参与。

争议较大,协调困难。一是双方对土地与海域资源如何确定初始价与浮动价可能会产生较大争议。二是双方对建立联合管委会各自派驻的人员安排及权利责任可能会产生较大争议。三是双方对大洋山开发建设后整个洋山港区新增的经济发展成果如何计算、如何分配会有很大争议。四是目前小洋山港区的行政管理机构是上海自贸区的一个派出机构,要将其改变为新的大小洋山联合管理委员会,如何协调转变关系与过程,双方可能会产生较大争议。五是大洋山港区建成后的港航运营管理与小洋山港区的港航运营管理如何协调,双方也可能产生较大争议。

发挥中央协调作用。建议要充分发挥中央的协调功能,通过国家发展改革委和交通部出面协调双方,在其指导协调下组建大小洋山联合管委会和成立联合开发投资公司。在目前沪浙双方对大洋山开发难以启动有效对话机制情况下,建议由第三方机构(如交通部所属上海组合港管理委员会)从上海国际航运中心、上海自由贸易试验区、舟山新区建设等国家战略利益出发,启动协调机制,推动双方针对大洋山开发启动协商机制,针对大洋山投资、营运、管理模式进行深入的谈判,推进大洋山开发。

第六节 五种模式简要分析和比选

总体来看,浙江自主开发模式、浙江开发转移经营模式、浙江为主开发模式,比较符合浙江方面一部分人的基本观点,但是,当前都难以解决资金、业务、人才等方面的问题,开发难度大,短期内难以形成决策并启动实质性开发。

以上海为主的开发模式,尤其是采用小洋山开发模式,根据已经积累的经验和 8 年的操作实践,能够为上海方面无大的争议地接受,如果能够主动推进,可以在"十三五"期间启动开发建设,大大加快大洋山开放进程。但是,需要浙江方面突破历史思维局限和过去领导批示,只有在主要领导驾驭分歧意见能力较强的情况下,果断决策,方可实行。

以上海为主的开发的改进模式,更多地考虑了浙江的利益,经过浙江内部统一思想,较易为浙江舟山、嵊泗县大多数人所接受和采纳。但是,对于上海来说,综合进行各种投资回报分析之后,能否为大多数人接受有一定困难。就是说,对于上海做出投资决策的难度显著增大,即使浙江方面较快同意,但是双方达成一致的总的决策的过程会较长。

新型联合开发模式总体上较为符合双方利益共享、合作共赢的基本原则。联合模式一容易决策,联合模式二对于浙江和上海都有些困难。

综合各种情况，建议采用新型联合开发模式。推荐新型联合开发模式一，备选新型联合开发模式二。协商时，可以同时讨论两种模式，综合分析，共同协商，争取较快形成开发决策。

第七章　新型联合模式的推进及实施步骤

从前面的模式比选分析可见,具体推进实施有两种处理方式:

对于新型联合开发模式一,推进方式可按照现行机制,由上海和浙江共同请示国务院批准之后联合推进,对于各区分别由主管开发方面同步抓紧实施。

对于新型联合开发模式二,从现行上海为主模式,过渡到双方联合共管、企业化运作的新型联合模式,要逐步进行。以下重点分析新型联合开发模式二的推进方式和实施措施。

第一节　新型联合模式的推进实施

在实施新型联合模式过程中,要在大洋山开发过程中的不同领域,分别细化具体实施措施。

一、港口行政管理方面集中统一原则的实施

一是浙江和上海双方成立大洋山港区开发建设领导小组,对大洋山、小洋山北侧及现有洋山深水港统一管理。二是将现有上海自贸区洋山深水港区派出机构相对独立出来,成立洋山港区管委会,它是小洋山北侧开发建设、大洋山开发建设和大小洋山整个港区运营管理的统一行政管理机构。扩大洋山深水港管理机构行政人员队伍,管理人员中增加浙江方面人员。大洋山及小洋山北侧的开发,要并入现在的洋山深水港,在行政管理

上统一，坚持洋山深水港的整体规划，服从洋山深水港的整体安排。大洋山及小洋山北侧的开发，与洋山深水港统一行政管理，才能保证开发的预期能够实现，才能避免与洋山深水港同质化竞争，共同承担起上海国际航运中心的国家战略目标，将上海国际航运中心建设成为世界一流大港。

港口的"三检一关"问题，根据国家法律规定，由国家实施垂直管理，按照目前的上海组合港政策实施。对于工商、税务管理，应当由浙江方面设立工商、税务机构，实施属地管理和属地征税。

二、第二大通道投资，国家、上海与浙江三方共同分担

目前东海大桥已经接近饱和，随着小洋山四期建设的实施，东海二桥（第二大通道——公铁两用桥）的建设应当提到日程。大洋山及小洋山北侧开发，也急需建设东海二桥。第二大通道的打通，不但对小洋山四期、大洋山的开发建设至关重要，对舟山自贸区的开发建设很关键，对整个舟山群岛的开发开放具有决定性作用。第二大通道的建设不局限于服务大小洋山，而是涉及中国东海的整体开发开放，应当上升为国家战略。因此，建议将第二大通道建设费用，从大小洋山开发建设中剥离出来，其建设费用不再列入大小洋山开发建设成本。由浙江省、上海市联合向中央申请，将第二大通道建设上升为国家战略，争取国家资金的支持。同时，考虑到第二大通道的军事战略意义，将其列为军队战备设施，争取国家在军费中给予适当支持。

建设第二大通道的费用，建议以中央为主，由中央、浙江省和上海市三方共同出资建设。第二大通道具有国家战略意义，建成后对整个东南沿海的带动作用巨大。将第二大通道的建设费用从大小洋山开发建设费用剥离出来后，大小洋山的开发建设就会顺畅一些，有利于开发工作的早日实现。

三、港口建设方面，浙江以土地、海域作价，采取入股或出租模式

在港口基础设施建设方面，由浙江和上海方共同出资开发，成立联合

开发公司，采用地主港模式对港口建设实施统一开发经营。

资源入股模式。浙江以土地、岸线、海域等资源评估价入股；上海方以资金入股，双方股权比例以上海方作为第一大股东为宜，双方股权之和占联合开发公司60%以上股份。建议浙江方股份占比为20%左右，上海占比为40%左右。浙江的土地、岸线、海域等资源评估总价值不足部分，由浙江以资金来补充。

资源租赁模式。联合开发公司由双方共同出资组建，具体出资比例为浙江20%左右、上海40%左右，其余股份向社会和外资开放。浙江方提供的土地、海岸、海域等资源，采取出租的方式出租给联合开发公司。

四、临港产业发展方面，大洋山全岛纳入临港产业开发范围，以浙江为主

大洋山开发建设，应当与洋山深水港的战略相吻合，临港产业是大洋山开发的方向，洋山深水港的临港产业向大洋山扩展。在开发临港产业方面，应当以浙江方为主，同时要保障上海方参与决策的机会。临港产业以服务洋山深水港为目的，充分利用大洋山的岛屿部分和居民资源。临港产业可由双方合资开发，浙江方占股51%以上。把大洋山全岛纳入临港开发范围，浙江方负责对岛上居民拆迁安置工作，安置费用由合资公司承担，安置标准双方协商。

五、港口运营方面，通过市场引进投资方、经营方

港口运营通过市场机制，面向全球招商，引进国际航运业跨国公司，鼓励国内民间资本公平参与。港口物流业要保持统一运营管理，鼓励物流业延伸产业链，形成市场竞争力。港口运营对外招商方面，由联合开发公司统一向外招商。

第二节　新型联合模式的利益分配机制

新型联合模式在利益分配方面，坚持以股权比例分配的原则。在保障上海航运中心国际地位的基础上，充分考虑浙江的利益需求，在税收、统计等方面设定新的分配机制。

一、港口利润分配方面，按照港口建设投资的股权比例分配利益

其中设立资源优先股，将浙江方面以土地、海岸线、海域等资源作价入股形成的股权，规定为优先股，该股具有参与经营决策权、优先分配公司赢利、在公司增资扩股过程中保持股权比例不被过分稀释的权利。

二、运输量统计方面，满足上海国际航运中心的国家战略，箱量统计并入洋山深水港的箱量统计

上海国际航运中心的货物吞吐量已经占据世界第一，国际航运中心追求的目标吞吐量对上海港来说，依然是其保持世界第一的关键。因此，在国家统计上，应继续将洋山深水港区集装箱吞吐量等货物运输统计数据全部纳入上海港。同时，从有利于地方成就对外宣传上，浙江也可以将整个洋山港区的运输量统计算入浙江舟山港的运输量。

三、税收利益分配方面，港区内税收以现行办法为主，港区外临港产业税收归浙江

港区内税收以现行办法为主，同时增加浙江方面的份额。即一方面，仍然按照集装箱总量和单价，由上海向浙江转移支付。具体单价双方可协商进行调整。另一方面，对大小洋山港区内总体税收的增量部分，由上海与浙江按一定比例分配，建议比例为：上海60%、浙江40%，或上海70%、浙江30%。新增部分的时间计算，以上海与浙江双方签订合作投资

开发建设大洋山港区协议的第二年起开始。港区外临港产业税收归浙江，即在整个洋山港区外的小洋山北侧和大洋山的临港企业的税收，依照税法全部由浙江舟山征收。

四、小洋山北侧、大洋山港区新入驻的企业由浙江省统计

小洋山北侧、大洋山港区投入生产运营后，新入驻的法人单位均由浙江省实施在地统计，规模以上企业纳入浙江企业一套表的统计范围。洋山深水港的核心企业属于货运港口业，只是交通运输业中的一个小类行业，其直接创造的增加值并不是很大，而依托港口成立的一些辅助性企业规模也不大，这些企业的产值或增加值在上海市经济总量中所占比重非常小。但对于洋山港区所在的舟山市和嵊泗县，这些企业对当地的经济总量和增长的贡献还是十分明显的。将这些企业一并纳入浙江省统计，既符合在地统计的原则，也有利于减少双方的协调工作量。

五、固定资产投资按照双方出资比例分别统计

目前固定资产投资是按项目统计的，也是遵循在地统计原则。但考虑到项目投资规模大、周期长，大洋山港区固定资产投资可以按照双方出资比例后分别计入当地的投资总额中，这样处理既考虑到双方的利益需求，也保证了统计上不重不漏，真实反映该区域的投资活动情况。

第三节　新型联合模式的推进步骤

第一步，2014—2015 年，基础协议与合作起步

双方联合成立大洋山开发建设领导小组，由省市主要领导和主要政府部门领导组成，负责有关投资建设重大决策，负责小洋山管理向大小洋山统一管理过渡的制度安排。双方就联合开发大洋山和联合共管制度机制形

成一个基础协议,协议明确双方各自的权利、义务、责任、利益。协议产生过程中有争议难解决,由中央进行协调。协议形成的第二年起,洋山港区的统计按照新设定的模式运行。税收在保持原有的浙江按箱量计价分利的基础上,新增税收按双方确定的比例分配。此进程争取在 2015 年内完成。

第二步,2015—2016 年,管理制度与政策衔接

双方着手建立大小洋山统一的行政管理机构,即成立新的洋山深水港区管理委员会。以现行的上海自贸区洋山派出机构为基础,逐步增加浙江方面行政管理人员。新的管委会接受双重领导,既接受上海自贸区的管理,又接受上海浙江大洋山开发建设领导小组的领导。相应地,中央的海关、公安、商检、质检等在小洋山的派出机构的管理范围,扩大到大洋山港区。同时,一方面,将上海自贸区的政策由小洋山扩大到大洋山,将整个洋山港区划入上海自由贸易试验区范围;另一方面,舟山新区不同于上海自由贸易试验区的开发开放政策,同样适用于整个洋山港区。在此阶段,税收和统计模式实现按新型联合模式的分配办法分配或者统计。

第三步,2015—2020 年,投资建设与市场运营

双方建立大洋山联合开发投资公司,开展招商与开发建设工作。大洋山一期工程建设完工投入运营时,双方共同协商向国内外市场公开竞争港航运营主体,也可在平等竞争的前提下由目前小洋山的港航运营主体承接。从长远看,整个洋山港区最终将由一个运营主体负责港航运营管理。

研究报告三：

舟山建设大型现代绿色石化基地战略研究

（2015 年）

课题组顾问：章猛进
组　　　长：郑新立
副 组 长：周江勇　夏阿国　陈永杰　刘　森
成　　　员：戴秀开　王东祥　徐　伟　阎　逸
　　　　　　刘永艺　綦鲁明　李宇静

第一章　世界石化产业发展趋势及启示

第一节　世界石化产业发展趋势

一、世界石化产业格局加速调整

随着中东石化工业崛起、亚太地区市场繁荣和美国页岩气技术革命，世界石化和化学工业竞争格局正在发生深刻变化。市场优势和资源优势驱动亚太地区石化产业快速发展，亚太地区化学工业产值占全球比重由2000年的30%上升到2012年的49%，未来仍将进一步提升；美国的页岩气革命，使北美石化工业在沉寂多年之后重新进入新一轮增长期，廉价的资源优势和先进的技术优势使北美石化产品及价格极具竞争力，成为全球石化产品贸易中的重要竞争者，2011年北美地区聚乙烯出口量跃居世界第二；西欧各国大型化学公司在全球范围内广泛布局，其石化产业的竞争力已经由国家竞争力转变为大型跨国企业竞争力；中东继续依靠低成本优势大量出口大宗基础产品，日本、韩国则致力于发展差异化的产品，其出口的重要目标之一就是中国。

二、原油价格存在下行压力

过去十年，国际石油市场产量和储量均稳步增长，国际原油价格高位运行，最高原油价格达到140美元/桶。随着世界经济、政治等格局的变化，能源结构正在经历的深刻转型和调整，全球性原油产能过剩已经显现，原油价格存在下行压力。

从供需平衡分析，美国非常规油气产量的增加、伊拉克和利比亚生产和出口的逐渐恢复、东非油气资源潜力被进一步发掘，以及俄罗斯、沙特、中国等原油生产大国的产量保持稳定增长，均会推动世界原油供应的稳定增长。而世界石油中长期消费增速将进一步放缓，发达经济体的石油需求将继续缩减，而新兴经济体的石油需求增速与过去预期有一定差距，增速正在逐渐放缓。天然气、可再生能源正在加快替代石油，石油在全球一次能源消费中的份额连续十多年下降，目前已低于1/3，加之国际金融政策、美元汇率等多方面影响，未来几年原油价格较难恢复到高点。

三、世界石化市场具有继续增长的潜力

石化行业为各行各业提供配套原料，为人民生活提供必需的生活用品，石化产品功能多样，并在不断地创新和发展。人口、气候变化、资源紧短等全球挑战，都有可能成为石化行业的增长动力。从支持粮食稳产增产，减少食品变质，建筑保温，使汽车更轻、能效更高等多个方面发挥积极作用，石化产品在可持续发展方面也发挥着重要作用，在全球面临气候变暖和二氧化碳减排等方面，石化行业大有可为。预计未来，石化行业仍将以领先世界 GDP 2~3 个百分点的速度增长，年均增长率将达到 5%~6% 的水平。

四、原料多元化成为战略重点

石化产业的发展与能源、资源的关系密不可分，而经济、政治等多重因素使得国际能源市场格外复杂。在此背景下，世界各国纷纷根据国情制定和调整能源战略，大力实施原料供应多元化成为世界石化产业发展的重要特征。其中，表现最为突出的包括：非常规油气资源开发的技术逐步成熟，轻烃、凝析油、重油在石化原料中的比例将快速提高；煤炭作为领先

的替代品前景看好,以煤为原料生产烯烃、油品、天然气、乙二醇芳烃等技术已经或即将实现工业化;生物质原料的替代作用得到高度重视。

五、技术进步是推动世界石化产业发展的主要动力

世界石化产业日臻成熟,已从靠资源和投资拉动转为以创新驱动,新产品、新技术的开发受到高度重视,技术进步是石化工业未来发展的核心动力。近年来世界石化科技创新在三个方面表现突出:一是对节能、环保技术的开发与应用,石化产业能够为节能减排、保护环境提供先进的解决方案和技术产品,无论是传统的废水、废渣、废气等"三废"处理以及提高能源资源使用效率,还是减少和治理CO_2温室气体排放,石化产业都将大显身手;二是在油气成本不断上升的情况下,开发多种能源资源,包括煤炭的清洁利用、可再生的生物质能源和化学品的开发等;三是技术含量高、资产回报率好、具有前瞻性的产品成为科技开发的重点,石化产品应用研究力度不断加大,应用于汽车、飞机、电子电器、通信信息、生命科学、医药、保健、环保和能源等领域的新型化工材料不断增加。未来石化工业的常规技术将继续提升,高端石化产品将加快与高科技产业的融合。

六、一体化、园区化、集约化、产业联合的发展模式已成基本趋势

按照一体化、园区化、集约化、产业联合的模式,建设上下游一体化的基地,推进产业升级,已成基本趋势。在园区内形成企业间相互依存、相互支持的资源共享和副产品互换的产业共生组合,改变传统工业生产体系中的各企业生产过程相互独立、较难形成规模效益、易造成资源浪费等状况,从而有效提高了资源和能源的利用效率。

目前,全球已形成了美国墨西哥湾,日本东京湾,韩国蔚山、丽川,新加坡裕廊岛,比利时安特卫普等一批世界级的大型石化工业区;中国的长三角、珠三角、环渤海地区,以及沙特的朱拜勒地区等也正在形成一批新兴的大型石化基地。这些大型石化基地的一个突出特点是临港建设,符

合石化原料与产品大进大出的特点,符合全球化条件下世界范围生产贸易的要求。

第二节 世界石化产业发展启示

一、推进兼并重组,提升国际竞争力

尽管欧、美、日等发达国家的化工产品市场已趋于成熟,增长速度放缓,但欧美的大型跨国公司仍然是全球石化产业的领导者,他们通过重组并购整合全球业务,不断加强在全球石化产业中的地位,并广泛关注亚太地区等新兴市场。我国虽已成为世界第一大化学品生产国和第二大石化产业国,但本土石化企业大都仍着眼于国内发展,且技术创新能力不强,与世界大型领先跨国能源和化学公司相比缺乏国际竞争力;少数有实力的企业开始走向海外,但全球业务的布局和整合仍处于起步阶段。因此,为提升我国石化产业的国际竞争力,应坚持按照国家"走出去"战略步伐的实施要求,鼓励更多有实力的企业开拓国际市场并推进兼并重组,以促进企业管理体制和运作机制适应国际化发展的需要,有利于与跨国公司展开合作,有效地提高国际竞争力。

二、突出核心业务,向专业化、特色化方向发展

近年国际油价高企,原料成本压力加大,大宗石化产品市场趋于饱和、产业趋于成熟、竞争趋于激烈,迫使世界领先的跨国石化公司持续推进业务重组优化,谋求新的有效可持续发展。综合看,这些公司普遍通过兼并联合、收购、剥离、资产互换等资本运作手段,从实现生产要素的高效组合、提高效益出发,依托技术进步,突出核心业务,常规石化产品作为基础做大做强,同时进一步向石化化工的下游延伸拓展,发展相关或其他高新技术和高附加价值产品,使之做专做精做盈。有些公司就其业务情

况看已全部或相当部分脱离石化公司的范畴,诸如孟山都、杜邦等老牌化工公司等。

目前,我国石化行业整体大而不强,发展方式粗放,技术创新能力不高,迫切需要着力突破行业重大关键、共性技术,取得一批拥有自主知识产权的重大科技成果,发展高端产品,提高行业的核心竞争力,促进石油和化学工业尽快走上创新驱动、内生增长的轨道,为实现石化大国向石化强国的转变提供强有力的技术支撑。

三、坚持安全环保优先,破解发展与环保难题

石化产业既是国民经济发展的支柱产业,也是高耗能、高污染的资源密集型产业,是全国工业污染排放的重要源头之一,因此石化产业的可持续发展不仅关系着行业健康发展,也直接影响着国民经济的可持续发展。当前我国资源环境约束日趋强化,人民群众更加注重人居环境,石化产业发展风险逐渐加大。从发达国家发展石化工业的经验和发展实践来看,合理布局、集约发展、安全环保优先是破解发展与环保难题的关键,例如新加坡通过打造裕廊化工园区,充分发挥产业聚集效应,实现了资源循环利用和低排放,很好地解决了石化产业发展与环境保护之间的矛盾。因此,优化调整布局,在沿海地域空间相对独立、安全纵深广阔的孤岛、半岛、废弃盐田,科学布局新建石化产业基地,推动产业聚集发展,可以从源头上解决产业发展的邻避困境,为石化产业发展创造良好的发展环境,进而促进石化产业持续健康发展。

四、广泛应用信息技术,推动生产方式深刻变革

从全球范围来看,物联网、云计算、大数据等新一代信息技术迅猛发展并进入大规模商用阶段,以互联网为代表的信息技术与运营技术、制造技术的融合,不断催生出新业态、新模式,正在给传统石化化工生产方式带来革命性变化。通过信息技术手段,使化工生产流程深度集成优化,提

高了资源利用效率、生产效率和管理效率，改变了传统化工企业供应链效率低、仓储量高的状况，促进化工产业由传统生产模式向新型服务模式转变，推动了全球一体化产业整合。我国石化化工企业普遍还没有认识到信息化和智能化的重要作用，信息化建设投入少，企业信息系统缺乏统一的设计与管理，数据和信息资源利用率较低，对国外软硬件依赖性强，在全球信息加速一体化的趋势下处于不利地位。

第三节　建设开放型石化基地经验和条件

一、世界大型石化基地的情况

世界大型石化基地的形成与发展是为适应资源或原料转换，使石化产业向大型化、集约化、最优化、经营国际化和效益最大化方向发展。目前大型石化基地已发展成为全球石化工业的主要生产基地和企业集群地，引领着世界石化化工工业的发展方向。

美国墨西哥湾沿岸地区率先采取基地型集中模式发展石油化学工业，在该地区逐步形成了巴吞鲁日、诺科、贝敦、博蒙特、阿瑟港、迪尔派克等一批大型石油化工产业聚集区，开创了世界石化基地大规模建设发展的雏形和先河。之后，日本东京湾地区，韩国蔚山、丽川、大山，比利时安特卫普、新加坡裕廊岛，德国路德维希港等一批世界级炼化一体化生产基地逐步建成。20世纪80年代，发展中国家充分利用后发优势，采取了集中化、规模化、基地化、炼化一体化、园区化的发展模式，发展其石化化工工业，取得很大进展。目前，中国的长三角、珠三角和环渤海地区以及沙特的朱拜勒地区也正在形成一批新的大型炼化一体化基地。

国外主要石化基地的规模情况如表3-1所示：

表3-1 国外主要石化园区发展现状

园区	面积（km²）	炼油产能（万吨/年）	乙烯产能（万吨/年）
美国墨西哥湾	100	27000	2600
荷兰鹿特丹	60	5000	300
比利时安特卫普	37	3700	250
新加坡裕廊岛	34	6700	380
韩国蔚山	35	4200	340
韩国丽川	30	3200	275

二、开放型世界石化基地模式

世界级石化基地利用沿海便捷的运输条件，具备开放型石化基地的特点。日本的化工园区集中设在便于大型油轮停靠和原料、产品进出的太平洋沿岸地区，一方面依托东京和关西两大日本主要市场，另一方面便于出口海外市场。韩国三大化工园区隔海与日本相望，有大港口作依托，便于原料和产品进出，距中国沿海大城市相隔不远，很适于该国两头在外发展石化化工工业的发展战略。比利时安特卫普化工区依托安特卫普港，每年该港化工产品贸易额高达120亿欧元以上，园区外公路、铁路、水路等四通八达，园区内原料、产品、公用工程等管网系统完备，是欧洲石化化工产品生产中心之一。安特卫普化工区以欧洲市场为重点，辐射全球市场。沙特朱拜勒工业区位于阿拉伯湾沿岸地区，地处沙特产油区的核心地带，与资源丰富的海湾各国很近，拥有世界先进的港口、深水泊位、码头等，储运设施和公用设施齐全，可将石油石化产品顺利运往全球市场。

新加坡裕廊岛是世界最典型的原料和产品两头在外、大进大出开放型石化基地，20世纪70年代开始规划建设，经过40多年的努力，取得了极大的成功。目前，裕廊岛内有埃克森美孚、BP、壳牌、巴斯夫、杜邦等66家国际大公司在基地建设世界级化工项目，单位平方公里产值达到5.59亿美元。建设有三座大型炼厂，原油加工能力6700万吨/年以上，乙烯能力

380 万吨/年以上。由 7 个岛组成的裕廊岛从确定发展化学工业区起，整个石化岛就开始统一规划，并通过分期填海逐步推进园区的开发建设。虽然新加坡当地缺乏原料和自然资源，国内市场狭小，但它有效的基础设施和完善的服务吸引了全球化的石化工业巨头入驻投资。

开放型石化基地建设模式及特点主要有：一是临港建设，符合石化原料与产品大进大出的特点，符合全球化条件下世界范围生产贸易的要求；二是规模经济，在一定的规模下才有条件实现产品的综合利用；三是技术先进，产业链条长，根据市场需求每个园区都有突出自己特色的、链条完整的石化产业链；四是辐射广阔，对有较大的辐射市场区域；五是利用清洁生产工艺和园区的一体化管理，实现节能减排、资源循环利用和环境保护。

三、在我国建设开放型世界石化基地的机会和条件

开放型石化基地建设是以基础设施和服务吸引国内外投资商，以辐射全球市场为目标，以国际化经营为特色。通过基地化、规模化，形成竞争优势。在当前国际市场石化产品供应充足且竞争激烈的市场环境下，借鉴世界领先的开放型石化基地的建设经验，在我国建设开放型世界石化基地的机会和条件主要有以下四个方面：

一是依托我国持续增长的石化市场和亚洲地区需要快速增长，贴近市场建设大型临港石化基地；

二是世界原油资源配置和地缘政治关系更加复杂，通过采取与资源国国家石油公司合资的模式建设大型炼化一体化项目，利用投资纽带，强化原油资源供应的稳定；

三是通过基地化建设，整体提高竞争能力；

四是采用多元化投资，学习新加坡模式，争取政策支持，吸引海外投资利用自身资源建设两头在外的炼化一体化生产基地。

第二章 我国石化工业面临的机遇与挑战

第一节 石化工业发展的战略意义

一、石化行业在国民经济中举足轻重

石化行业是能源和原材料工业的重要组成部分,在国民经济发展中起着举足轻重的作用,是我国国民经济的支柱产业之一。炼油产品(汽油、煤油、柴油、润滑油、石脑油等)、基本有机原料(醇类、醛类、酮类、羧酸类、酯类、酚类、醚类等)和合成材料已经广泛应用于汽车、机械、家电、纺织、建筑、包装、农业、国防、航空航天等各个领域,其产品也已经深入到人民生活中的衣、食、住、行当中。2013年,全国石油和化工行业规模以上企业实现主营收入约13.32万亿元,利润总额8643.5亿元。在国家全部国有及规模以上非国有工业企业中,石化工业的销售收入约占12.9%,利润总额约占13.8%,为国民经济发展作出了重大贡献。

二、石化行业的发展关系国家经济安全

随着国民经济的快速发展,我国对石油化工产品和石油资源的需求日益增长,已经成为石油生产大国和消费大国,同时也是世界上石油消费增量最大的国家,2013年原油进口依存度达到57.5%,同时还将面临国际原油价格巨幅波动的影响。原油资源的短缺,不仅对我国石化产业的发展产

生重大制约，而且是关乎国家能源安全以及社会稳定的重大问题。因此，获得更主动的原油资源配置能力已成为中国经济之命脉。我国迫切需要建设面向全球、服务全国的原油储备和石油化工基地，以保障国家石油战略安全，增强抵御国际市场风险的能力。舟山群岛作为国家大宗战略物资的中转门户和储运枢纽，面临重大的战略机遇。

三、石化行业取得了举世瞩目的进步

经过数十年的发展，我国石化工业取得了举世瞩目的进步，建立起实力强大、配套完备的现代化工业体系。2013年我国原油加工能力达到6.7亿吨/年，居世界第二位，原油加工量4.79亿吨，我国已建成22座千万吨级炼厂，形成了长三角、珠三角和环渤海三大炼化集群。

截至2013年年底，我国共有26家乙烯生产企业，乙烯生产能力1794万吨/年，产量1622.5万吨，当量消费3390万吨，我国乙烯能力居世界第二位。2013年五大通用树脂产量4028万吨，表观消费5490万吨。合成橡胶产量409万吨和合成纤维3739万吨。总体来讲，我国石化行业仍不能完全满足国内日益增长的需求。

四、沿海地区优势进一步凸显

随着世界经济一体化进程加快，沿海地区的优势进一步凸显，以国际市场为目标的跨国资本更多地倾向于投资环境良好、基础设施完备，尤其是港口条件优越的沿海区域，其中，石化、汽车、机床制造和金属冶炼等行业增长势头迅猛，尤以石化工业进军中国的速度为最快。在冶金、造船、水产加工、仓储、石化等具有临港特色的产业中，石化工业对外部资源依赖程度高，运输量大，土地占用量大，环境要求高，在沿海发展优势更加明显。

目前，我国沿海形成了以大型港口和腹地临港工业为龙头的沿海经济模式，一批大型临港工业项目和工业集聚区已成为沿海地区的经济增长点,快速提升了码头岸线和临港地区的土地价值。在珠三角,广东惠州-广州-珠海-茂名-湛江一线以临港开发区为载体的沿海石化产业带已经形成;在长三角,从南京、上海的长江沿岸到杭州湾大型临港石化基地相互辉映;在环渤海地区,天津、大连、曹妃甸等石化基地已见雏形。打造具有世界级规模、现代化水平、国际竞争优势和持续发展潜力的沿海国家级石化集聚区预计仍将是"十三五"我国石化产业发展的重要任务。

第二节 我国石化产业发展现状

一、经济运行指标趋稳向好

自 2008 年金融危机之后,我国石化产业经历了快速复苏的阶段,也经历了下滑的时期,但总体来说保持了增长态势。国家统计局数据显示,2013 年石化行业规模以上企业 28652 家,实现主营收入约 13.32 万亿元,比上年增长 9.0%;利润总额 8643.5 亿元,增长 5.7%;全年实现进出口总额 6506.2 亿美元,增长 2.0%,其中出口 1803.2 亿美元,增长 3.9%。

二、主要产品产量在波动中增长

与经济指标类似,我国石化产业主要产品产量虽然有所波动,但仍是增长的趋势。2013 年我国原油产量 2.08 亿吨,同比增长 1.65%;原油加工量 4.79 亿吨,增长 3.31%;天然气产量 1129.4 亿立方米,增长 9.1%;乙烯产量 1622.5 万吨,增长 8.5%;合成树脂产量 5837 万吨,增长 11%;合成橡胶产量 409 万吨,增长 6.3%;合成纤维产量 3738.8 万吨,增长 7.1%。

三、经济增长结构逐步改善

我国石化产业近几年的发展中,技术类产品保持上升的趋势。2013 年化工行业主营业务收入占全行业的比重达 62.7%，同比提高 3 个百分点，创历史新高；有机化工原料、橡胶制品和专用化学品利润占化工的比重分别为 13.1%、13.7% 和 25.8%，分别同比提高了 2.8、1.1 和 1 个百分点，而无机化学原料、化肥占比分别同比下降 0.94 和 3.9 个百分点。此外，大型乙烯装置、大型煤气化炉、甲醇制烯烃、煤制乙二醇、甲醇制芳烃等关键技术和装备取得突破，先进高分子材料、高端复合材料、功能材料等增速明显快于行业平均水平。

四、煤化工产业快速发展

"十一五"和"十二五"期间，我国以石油替代产品为主要方向的煤炭深加工技术快速步入产业化轨道，煤制油、煤制烯烃、煤制乙二醇、煤制天然气等示范工程均已建成投产，煤制芳烃项目已开始建设。

我国新型煤化工产业正处于快速发展期，在建、拟建的煤制烯烃项目多达 60 多个、煤制天然气项目 60 多个、煤制油项目十多个。新型煤化工产业的发展，是我国石化产业实现原料多元化的一条重要途径，符合我国的资源禀赋，可以弥补资源不足，在高油价下降低产品生产成本、提高产业竞争力。但是，新型煤化工产业的发展也面临着多种问题，由于多数项目位于西部地区，对资源、生态、环境等的承载能力带来了较大压力。

第三节 我国石化工业面临的挑战

我国石化产业经过多年的发展，特别是近十多年的快速发展，在产业规模上已成为世界石化大国，产品门类齐全，主要产品生产能力位居世界前列，但是，在快速发展中积累的问题日益显现，虽然近几年加快了产业结构调整和转型升级的步伐，仍面临着多种问题和挑战。

一、能源资源约束日益加大

我国原油等大宗石化原料对外依存度不断攀升，2013年我国原油对外依存度达到57.4%，天然气对外依存度达28.8%，而且未来国内原油产量基本没有增长空间。煤炭是我国相对丰富的资源，但人均占有量（可采储量）也仅为世界平均水平的一半。同时，国内外能源资源价格震荡上行，国内许多地区水资源匮乏、土地资源紧张。能源、资源的日益短缺已成为影响我国石化产业持续健康发展的主要制约因素。

二、布局不尽合理，部分企业技术水平落后，安全环保隐患突出

我国石化产业在快速发展中，存在着区域布局分散，一体化、规模化、集约化水平偏低等问题。随着经济社会不断发展，城镇化快速推进，众多老化工企业逐渐被已被居民区、商业区所包围，安全防护距离不足等问题凸显，需要搬迁到专业化工园区。但是化工园区又存在数量过多、布局不合理、产业结构雷同、产品同质化等问题，园区的规划、建设和管理水平参差不齐，部分园区内的企业规模小、实力弱、档次低，园区组织管理水平不高，存在较大的安全环保风险隐患。

三、能源效率较低，生态环境压力加大

石化工业能源消耗总量较大，在我国工业部门中，石化行业的能源消耗仅次于冶金，居第二位。多年来，我国石化行业把节能减排作为行业转变增长方式的一个重要课题，采取了一系列技术措施、管理措施降低能源消耗，提高能效水平，一些企业的能效水平在世界上已处于领先的地位。但是从总体来讲，我国石化工业多数重点耗能产品的能效水平与国际先进水平仍有较大差距。未来随着生态环境更加脆弱，我国石化行业节能减排的压力更加艰巨。

四、石化产业发展中社会稳定因素提升

随着公众环保安全意识的增强，民众更加注重人居环境，石化项目建设成为舆论关注的焦点，社会敏感度提升，一些地方民众对石化行业发展有抵触情绪，已成为影响行业发展的重要因素之一。近年来相继发生有关石化项目的群体性事件，导致项目建设受阻。未来石化产业的发展，需要高度重视社会稳定因素，一方面项目要合理布局，另一方面，企业的责任关怀工作必须全面提速，持续改进环保、健康和安全绩效的管理体系。

第四节 我国石化产业的发展机遇

石油和化学工业作为国民经济的基础和重要支柱产业，产业关联度高、产品应用广泛，预计我国石化产业增长仍将会高于GDP增长，2013—2020年将保持8%~10%的年均增长速度。

一、传统石化产品和成品油市场需求仍将稳定增长

在未来相当长的一段时间内，我国国民经济增速会有所放缓，但仍将处于一个相对稳定的增长期，石化产业仍将是工业化中期的支柱产业。新型工业化、城镇化、农业现代化进一步推进，居民消费能力不断提高，预计到2020年，我国人均收入将实现比2010年翻一番，进入世界中等国家水平，城镇化率将从目前的52.6%达到60%，这一过程中将有1亿人从农村走向城市。城镇化建设大大地拉动基础设施和配套建设，促进建材、家电、食品、服装、车辆及日用品的需求增加。石化产业作为国民经济的基础产业和支柱产业，其产品仍有较大的市场空间，油品、合成材料、化肥、烧碱、纯碱等大宗产品虽然增速会有所下降，但市场需求的总体规模将会稳定增长，部分产品的过剩产能有可能逐步化解，部分产品还存在着发展机遇。

二、产业升级和新兴产业发展带来新的市场机遇

优化升级是我国经济发展的重点,对于工业经济来说,一是传统产业通过创新促进升级,二是发展战略性新兴产业。无论是传统产业升级还是战略性新兴产业的发展,都需要各种高性能的化工新材料和专用化学品提供支撑。近年来,相关行业的关键新技术不断获得突破,产业规模快速增长,高端石化产品的市场需求逐渐形成,将有力推动我国石化产业结构调整和优化升级的进程。

三、社会经济发展带来的新产品需求

随着社会经济的不断发展、相关产业的升级、人们消费水平的提高以及对良好生活环境的要求,下游产业对石化产品质量和性能的要求越来越严格。一是要求石化行业本身生产各类环境友好型产品,如清洁燃料、高性能油品添加剂等;二是为环境保护提供产品支撑,如绿色水处理化学品、高性能除尘材料等;三是根据不同的下游用途和需求,生产多样化、差异化产品,如差别化服装纤维材料、医疗新材料和化学品等。这些新的产品需求为石化产业的发展带来新的机遇,也对石化产业技术、产品的创新提出了新的要求。

总之,从国内外石化产业发展的环境和趋势分析表明,我国石化产业正处于产业变革的历史性交汇点,面对资源环境约束加剧、要素成本上升、结构性矛盾日益突出的挑战,面对我国石化产业仍处于国际分工和产业链中低端环节的现实,任重道远。

第五节　国内石化产业布局调整方向

一、产业布局调整的必要性和目标

我国已成为石化产业大国，但产业的集约化、规模化、一体化水平偏低。同时，国内资源、环境约束日趋加剧，民众更加注重人居环境，石化产业与生态环境协调发展面临新的考验，近年来陆续发生了与石化项目有关的群体性事件。面对新的形势，需要优化调整我国石化产业的布局，从源头上破解产业发展的邻避困境，改善产业发展环境，促进产业持续健康发展和经济社会和谐发展。

通过石化产业布局的优化调整，目标是显著提高产业集中度，增强供给能力，优化产业结构，提升产业竞争力，形成若干世界水平的炼化一体化基地。

二、产业布局调整的初步设想

我国原油资源的对外依存度较高，进口来源不断拓展，而煤炭资源主要位于中西部地区。根据我国资源禀赋和资源获取的特点，石化产业布局的调整应坚持靠近原料来源、贴近消费市场、降低物流成本的基本原则。

根据进口原油的运输通道优化调整区域产业布局。海上进口原油主要在沿海地区集中加工，推动现有石化产业基地升级，科学布局新建石化产业基地，建成若干世界一流水平的炼化一体化产业基地。

陆上进口原油主要用于完善西北、西南、东北地区管道沿线炼化产业链，建设能源通道配套石化工程。

煤化工升级示范工程和产业基地主要布局在中西部煤炭产地，重点在工程化、生态环保、资源利用等方面取得突破，探索清洁高效的现代煤化工发展新途径。

第三章 国内外石化产业的市场环境

第一节 世界石化产品市场竞争激烈

从全球看,世界石化产品市场供应充足,受经济形势影响,总体开工率偏低。2000 年以来,中东地区石化生产商凭借丰富的资源优势大力发展石化产业,2000—2013 年,中东乙烯产能年均增长率达到 12.2%,从 658 万吨/年增长到 2936 万吨/年,目前还有多套在建和拟建装置,产能还将进一步增长。近年来,北美地区页岩气的发展使该地区乙烯生产商获得新的发展机遇,纷纷重启关停的生产装置,扩大或新建以乙烷为原料的乙烯装置。

中东和北美的成本优势将促进其乙烯生产的增长,未来中东和北美在世界乙烯生产中的占比将明显增加,烯烃成本优势使其下游大宗产品的优势也十分明显。由于中东本地需求有限,下游产品 80% 以上将外销到其他地区。随着乙烯竞争力的提升,北美重新成为全球石化产品出口市场的主要地区之一,2012 年美国已由石化产品净进口国转变为净出口国,加拿大石化企业也开始向亚洲和西欧市场寻求产品出路,全球石化产品贸易格局将发生重大变化,国际石化产品市场竞争激烈。

第二节　国内部分石化产品市场不容乐观

全球石化市场竞争激烈的态势已影响到国内市场，最早是从乙烯系列开始，延伸到丙烯，再到丁二烯系列。2002—2012十年间，国内化工需求的增速都保持两位数水平，而到2013年化工品需求增速不足5%，未来几年，石化需求增长会呈现比较低速增长的局面。

目前，我国合成材料市场进口依存度较高，市场潜力较大，通用合成材料市场面临周边和中东地区的严峻挑战，竞争异常激烈。提高差异化竞争能力，巩固通用料市场，重点争夺中高端市场，是我国合成材料产业未来发展的市场战略取向。值得注意的是，国内聚乙烯、乙二醇、聚酯等大宗产品的结构性过剩风险也开始逐步显现。以聚乙烯行业为例，2013年产量保持小幅增长的表象下，出现了行业开工率进一步下降、国内生产企业无奈限产减产，而进口量却出现大幅增长的尴尬局面。这突出反映了国内以聚烯烃为代表的合成树脂产业面对日益激烈的国际化竞争时的两难境地：一方面，占国内产品绝大部分份额的大宗通用料牌号产品，面对以中东产品为代表的国外低成本产品时价格不具备优势，在进口产品的价格压制下，国内装置利润空间被严重压缩，甚至出现亏损，不得不限产减产以应对恶化的竞争环境；另一方面，在产品附加值较高、利润空间较大的高端专用料牌号领域，国内产品在供应量、牌号种类等方面都有着很大局限性，且产品质量稳定性相对进口产品仍存在差距，使得高端专用料牌号市场基本由来自欧、美、日、韩的进口产品主导。

国内部分有机原料品种，产能过剩矛盾已开始出现，如环氧乙烷、丙烯酸及腈、苯酚丙酮、丁辛醇等，近年投产项目多，能力增长过快，市场销售压力较大，并有多个项目处于在建和规划建设中，近期市场不容乐观。

长期看,石化市场主要取决于良好的经济环境和国家政策支持,有多种因素成为石化市场的驱动力,石化产品的长远市场潜力仍值得期待。国内石化产业发展需要对当下及未来市场需求的准确把握。

第三节 主要石化产品市场现状及预测

一、炼油

近十年来,世界炼厂数量总体呈减少趋势,而总炼油能力和平均炼厂规模则缓慢增长,规模化发展趋势凸显。2013 年,世界炼厂平均规模从 2004 年的 611 万吨/年提高到 679 万吨/年,世界炼油产业集中度继续保持较高水平。以埃克森美孚为首的世界炼油能力前 25 位的公司,占世界总炼油能力的 59.5%,比 1997 年的 49.3% 提高了 10.2%。规模在 2000 万吨/年以上的世界最大炼厂数量达 22 座,比 1997 年的 11 座增加了 11 座。未来新建炼厂规模大多在 1000 万~2000 万吨/年,且大多为炼化一体化炼厂,大型化和炼化一体化已成为世界炼化工业发展的主流模式。

截至 2013 年年底,我国原油一次加工能力达到 6.7 亿吨/年,仅次于美国,稳居世界第二位。2013 年,我国原油加工量 4.79 亿吨,同比增长 2.4%;三大类成品油产量 2.96 亿吨,增长 4.4%;表观消费量 2.86 亿吨,同比增长 2.9%。中国石油和中国石化都已跻身世界十大炼油商之列,其中,中石油大连石化和镇海炼化的炼油能力均已超过 2000 万吨/年,成为世界级大型炼油企业。

近年,我国炼油工业快速发展,较好地满足了国内经济发展的需求,但仍存在如下问题:

(一)炼油产能过剩问题日益凸显,但先进产能不足

按照 85% 左右的合理开工负荷计算,2013 年我国实际需要的有效炼油能力为 5.50 亿吨/年，目前我国炼油能力已达 6.7 亿吨/年，产能出现一定的过剩。我国现有炼油能力落后产能仍占有较大比例，这部分产能以地方炼油企业为主，存在装置系列多、单系列规模小、技术水平低、能耗较高和产品质量不达标等一系列问题。目前我国共有 82 家地方炼油企业，总炼油能力约 1.2 亿吨/年，其中可以生产合格成品油的有效产能不足 6000 万吨/年。

根据国民经济及相关行业的发展预测，今后我国成品油需求仍将保持较快增长，尤其是汽油、航煤的消费增长幅度较高，但柴油消费增长幅度趋缓。预计到 2020 年，我国成品油需求量将分别达到 3.66 亿吨，需配套的合理炼油能力为 7.1 亿吨/年，未来随着我国成品油质量升级步伐不断加快和各项法规的不断完善，现有的 6000 万吨/年落后产能将会被逐步关闭或淘汰。为满足市场需求，2020 年前我国仍需新增 1 亿吨以上先进炼油能力。

（二）整体技术水平与国外先进水平仍有较大差距

国外先进炼油水平轻油收率超过 85%，先进能耗水平低于 40 千克标准油/吨原油。国内中国石油、中国石化轻油平均收率达到 77%~79%，原油加工平均能耗降低到 58~65 千克标准油/吨原油。而国内小炼油的轻油收率不足 50%，原油加工能耗超过 90 千克标准油/吨原油。我国整体技术水平与国外先进水平仍有较大差距，而小炼油在资源利用效率、能耗、"三废"排放等方面与先进水平的差距更为明显。

（三）炼油产业布局与区域经济发展不平衡，各地区成品油供需差异较大

目前，我国炼油企业已遍及全国 26 个省份，炼油布局不断调整优化，但炼油布局与区域经济发展仍不协调，各地区成品油供需差异较大。目前，东北和西北地区油品过剩较为严重，过剩量均在 2000 万吨以上，华北、西南和中南地区则存在缺口。华东地区随着炼油能力的快速增长，成品油供应也转变为过剩地区，但华东炼油能力主要集中在山东，其余多数省份成品油供应仍存在较大缺口。因此，从地区成品油供需变化的角度

看，我国炼油工业的布局尚不十分合理，成品油物流费用较高。

（四）成品油质量升级步伐加快，节能环保压力突出

近年来我国炼油行业原油加工劣质化趋势明显，高硫重质油比例逐年增加，加工难度增加，能耗及公用工程消耗量水平有所上升。另一方面，为满足成品油质量快速升级要求，必须新增加氢处理、制氢以及硫回收等装置，导致能耗及公用工程消耗量水平继续增加，同时由于原料中杂质含量，特别是硫含量的增加势必加大了控制污染物排放的压力。

综上所述，未来我国炼油产业的发展有多项任务需要同步进行，主要包括增加具有先进技术水平和产品质量的产能，保障供应；根据资源供应格局和区域经济的发展需要优化调整产业布局；大力淘汰落后产能，避免低水平竞争。

二、乙烯

2012年世界乙烯生产能力14929万吨/年，产量12787万吨。2013年世界有3套新乙烯投产，新增能力390万吨。主要集中在中国和东南亚地区。2013年世界乙烯生产能力15319万吨。

2013年我国乙烯产能达到1794万吨/年，产量1622.5万吨，净进口量170.4万吨，表观消费量1792.9万吨，当量消费量约3390万吨，当量自给率仅47.9%。

预计到2020年和2025年，我国乙烯当量需求量将达到约4600万吨和5500万吨。根据目前项目规划安排，预计2020年国内乙烯产能将达到3300万~3500万吨/年，乙烯生产仍有较大的发展空间。

当前，我国乙烯产业发展主要存在以下问题：

（1）部分落后装置需要淘汰。目前单套规模在60万吨/年以下的装置有还13套，其中8套为20万吨/年及以下的小乙烯装置。

（2）原料偏重，保障程度不足。我国乙烯裂解原料仍以液体原料为主，轻烃等气体原料平均比例不足20%。部分配套的炼油装置与乙烯装置规模不匹配，由于一体化程度不够，上下游资源难以尽可能做到合理化利用。

（3）技术指标与先进水平存在差距。与国外以轻烃为主要原料的乙烯装置相比，我国乙烯装置的技术指标均有较大差距。与国外石脑油乙烯装置相比，乙烯收率和双烯收率基本相当，在燃动能耗方面，我国部分新建大型装置已接近或达到国际先进水平，但中、小型装置能耗较高，技术水平较为落后。

未来我国乙烯产业的发展，既需要扩大能力，提高国内自给率，又需要通过提高装置规模、淘汰落后产能、优化原料配套、优化资源综合利用、提高管理水平等多项措施，提升产业的整体竞争力。

三、芳烃

2013年，全球对二甲苯（PX）产能为4167万吨/年，产量3432万吨，实际消费量3434万吨。预计2014年，全球PX产能将达到4627万吨/年，产量和消费量为2565万吨，装置平均开工率降至77%。

近年，在技术进步和装备大型化的推动下，我国对苯二甲酸（PTA）产能迅猛增长，对PX的需求增长迅速，但国内PX产能增长缓慢，尤其是自2007年"厦门事件"后，大连、宁波、彭州、昆明和茂名等地都曾陆续发生过群体事件抗议PX项目落户，一些新建项目被迫推迟或取消，导致国内PX供应缺口不断加大，严重影响了下游聚酯纺织等产业发展。2013年，国内PX产能1036万吨/年，产量约754万吨，进口量905.3万吨，出口18.1万吨，表观消费量1641.2万吨，自给率仅45.9%，较2002年降低近40个百分点。

预计到2020年国内对二甲苯的需求量将达到3220万吨。根据目前规划项目情况，预计2020年国内对二甲苯产能可达到约2056万吨/年，供应缺口有进一步扩大的趋势。

目前，我国PX消费地域较为集中，50%左右集中在长三角地区，30%集中在东北的辽宁，15%左右集中在华南地区，而其余地区占比仅

5%左右。呈现该分布的主要原因是长三角地区在上下游配套及产业集中方面具有显著优势，使长三角地区，尤其是江浙的优势地位很难在短时间内被其他地区取代，未来新增PX需求仍将主要集中在长三角地区。相应地，国内PX供需缺口也主要集中在长三角地区，2013年长三角地区PX需求量高达824万吨，而长三角地区仅有扬子石化、镇海炼化、金陵石化和上海石化等4家PX生产企业，PX产量不足290万吨，PX供需缺口高达530万吨以上。目前，汉邦石化、宁波逸盛石化、仪征石化和海伦石化等PTA生产企业正在实施改扩建，桐昆嘉兴石化也有改扩建计划，长三角地区PTA产能仍将保持较快的增长速度，因此在长三角地区按照习近平总书记关于"选择在偏离人口集聚区的地方，并要加快减少对进口的依赖度"的指示精神发展PX项目，有利于缓解PX供需矛盾，对于稳定国内化纤市场供应和提升中国纺织品的竞争力至关重要。

第四节 大宗石化产品市场需求情况

"十三五"期间，虽然我国经济增速会有所放缓，但是石化化工是工业化中期的支柱产业，受新型城镇化和内需升级等因素的拉动，大宗石化化工产品需求仍将保持较快增长（见表3-2）。

表3-2 大宗石化产品供需现状及需求预测（单位：万吨，万吨/年）

产品名称	2013年		2015年预测			2020年预测
	产量	消费量	产能	产量	需求量	需求量
乙烯下游						
聚乙烯	900.4	1761.7	1576	1470	2190	2810
乙二醇	350	1174.1	960	687	1380	1710
苯乙烯	540	902.2	815	611	980	1220
聚苯乙烯	229.1	291.1	900	520	580	660
聚氯乙烯	1529.5	1560.6	2645	1587	1662	2035
醋酸乙烯	130	159.2	250	220	210	270

续 表

产品名称	2013年		2015年预测			2020年预测
	产量	消费量	产能	产量	需求量	需求量
丙烯下游						
聚丙烯	1238.5	1583.1	2200	1780	1970	2580
丙烯腈	125	179.6	190	185	190	240
环氧丙烷	184	228.4	324	275	300	445
丙烯酸	160	152	270	220	201	280
正丁醇	101	141.2	225	168	165	200
异辛醇	118	145	186	160	160	210
苯酚	135	170.9	263	223	210	280
丙酮	81	129.8	157	134	172	203
对二甲苯下游						
对苯二甲酸	2566	2827.7	4170	3120	3216	4800

2013年主要石化产品中多数还是存在着供应缺口，但是由于目前在建项目较多，未来两年将是一个集中投产期，到2020年一些产品的供需缺口仍然较大，而一些产品将出现产能过剩。根据原料资源情况和市场情况，这些产能过剩产品的开工率将有所不同，从产量和需求看，将基本实现供需平衡，略有过剩或不足。从2020年的需求量看，2015—2020年之间，除了聚氯乙烯、聚苯乙烯等个别产品外，多数产品的产能仍需进一步增加以满足市场需求，但在发展过程中应充分发挥市场的调节作用，避免形成新的产能过剩。

第五节　下游高端石化产品的市场机会

目前，我国高技术含量的石化下游深加产品特别是化工新材料和高端专用化学品国内自给率偏低，化工新材料整体国内自给率不足60%，工程塑料、高端聚烯烃塑料、特种橡胶、电子化学品等高端产品更是主要依靠进口。未来，随着传统产业的转型升级和战略性新兴产业的快速发展，将带动化工新材料和高端专用化学品需求快速增长，预计年均增长率在10%以上，增速远高于大宗石化产品（见表3-3）。

表3-3 化工新材料和高端专用化学品需求预测（单位：万吨）

产品	2013年	2020年	2013—2020年年均增长率
聚碳酸酯	148	230	6.5
PMMA	69	100	5.4
聚酰胺工程塑料	57	83	5.5
聚甲醛	50	75	6.0
特种聚酯类工程塑料	35	64	9.0
聚苯醚	6	12	10.4
聚苯硫醚	2	6	17.0
硅橡胶	60	160	15.0
异戊橡胶	6	60	38.9
丁腈橡胶	20	31	6.5
丁基橡胶	32	50	6.6
MDI	167	260	6.5
TDI	74	105	5.1
PPG	225	320	5.2
氨纶	38	67	8.4
碳纤维	1.1	2.9	14.9
芳纶	0.9	1.8	10.4
高吸水性树脂	30	88	16.6
有机硅单体（折硅氧烷）	77	200	14.6
硅油	16	40	14.0
硅树脂	4	7	8.3
聚四氟乙烯	6.8	11	7.1
R32（二氟甲烷）	5	23	24.4
R125（五氟乙烷）	5	23	24.4

第四章 舟山建设大型现代绿色石化基地的必要性和可行性

第一节 舟山发展绿色临港石化产业的战略意义

一、优化石化产业布局，促进产业持续健康发展

目前我国主要石化产业生产能力已位居世界前列，但产业集约化、规模化和一体化水平偏低，乙烯和芳烃产品仍严重依赖进口，产业竞争力不强。同时，国内资源环境约束日趋加剧，特别是近年来相继发生的 PX 等群体性事件，导致 PX 等石化项目建设受阻，严重影响石化及下游纺织等产业发展，目前的产业布局已不适应进一步发展的需要。舟山具有深水岸线优势，特别是远离长三角城市群人口集聚区，环境容量大，社会稳定风险小，因此在舟山建设大型现代绿色石化基地，可以优化国家石化产业布局优化和浙江省石化产业布局，从布局上破解石化产业，尤其是 PX 产业发展的制约，并有利于推进浙江省石化产业优化发展与转型升级，促进石化产业持续健康发展，满足市场需求。

二、创新我国石化产业发展模式

我国经济发展所处的阶段，决定了在相当长的时期内仍然要加快发展重化工业，而石化工业又是比较典型的高消耗、高排放产业，继续沿用传

统粗放的发展方式，将进一步加剧发展与环境的矛盾。按照循环经济理念，高标准建设舟山绿色石化基地，走出一条科技含量高、经济效益好、资源消耗低、环境污染小的新型石化产业发展之路，对于创新我国石化产业发展模式，实现经济发展和环境保护双赢，具有重要的示范作用。

三、发挥临港优势，充分利用国际资源，参与全球石化产业分工

近年来世界石化工业发展重心加速向具有市场潜在优势的亚太地区和具有资源优势的中东地区转移。亚太地区，特别是中国仍将是未来石化产品消费增长的主要地区。积极参与国际分工，以国际市场为目标的临港外向型发展战略模式已经成为世界各国石化产业发展的重要方向。外向型发展模式主要通过发挥自己的比较优势，生产要素通过国际、国内两个市场的双向流动，达到优化组合，从而提高其使用效率。跨国资本重视国内的区位条件，更多地倾向于投资环境良好、基础设施完备尤其是港口条件优越的沿海沿江区域。

舟山新区发挥港口、土地、环境等多项临港优势，积极抓住国际国内产业转移的契机，抓住全球石化产业重心东移，特别是跨国石化企业产业向资源地和市场地转移的机会，打造大型石化基地，有利于吸引大型外资合资项目入驻，吸引国外资本和石油资源，对我国参与全球石化产业分工具有积极的意义。

四、推动石化产业集聚发展，提升产业竞争力

当前世界石化产业竞争格局正发生深刻变化，石化产业的竞争日益加剧。通过建设世界级石化产业基地，进行集约化、规模化、一体化发展，提高资源利用水平，发展高端石化产业，优化产业结构，提升产业整体竞争力。

五、强化浙江省区域竞争能力

近年来，浙江省不断推进工业结构的调整和优化升级，去"轻型化"

和重化工业加快发展并重的趋势明显。2003年，浙江省规模以上工业企业中，重工业增加值首次超过轻工业增加值，2013年重工业增加值所占比重已达57.0%，但仍处在重化工业的深化发展阶段。从提升浙江省产业竞争力和根植性的角度看，加快发展临港重化工业，已经是浙江省经济发展阶段的客观要求。在舟山新区发展大型现代绿色临港石化产业，是贯彻浙江省"打造大平台、发展大产业、引进大项目、培育大企业"四大战略的具体实施，是推动浙江省产业结构转型升级、强化浙江省区域竞争力的重大举措。同时，浙江省民营经济发达、民间资本实力雄厚，发展大型石化产业，可以为浙江省社会和民营资本寻找新的投资路径，实现民营经济再次升级。

六、促进以舟山群岛新区为新引擎的长三角地区经济发展

舟山大型现代绿色石化基地的建设，有利于促进浙江省数量众多、规模普遍偏小、技术水平相对落后、分布散乱的石化企业向浙江沿海地区集聚发展，通过生产要素跨区域流动和优化配置，形成紧密型产业链，使区域分工和产业布局趋于合理，促进石化产业水平的大幅度提升，大幅扩充经济规模总量，有力支撑国务院对于舟山群岛新区"长三角地区经济发展的重要增长极"的发展目标，为优化东部沿海地区总体开发格局和促进国民经济又好又快发展注入新活力。

第二节　舟山群岛新区发展临港石化产业的优势与劣势分析

一、优势条件分析

(一) 区位条件优越，市场腹地广阔

舟山群岛地处我国东部"黄金海岸"与长江"黄金水道"的T字交汇处，深水港口资源得天独厚，通江达海的区位优势显著，是长江三角洲以及长江沿线地区大进大出的海上门户和江海联运枢纽。从全球的物流体系看，舟山群岛与釜山、高雄、香港等西太平洋的主要港口形成等距离扇形辐射，舟山海域拥有途经中国的7条主要国际航线中的6条，是我国大陆架进入太平洋的桥头堡，也是我国扩大开放、通联世界的战略门户。

图 3-1　舟山群岛区位图

舟山所处的华东地区是我国经济最发达的地区之一，拥有纺织、轻工、汽车、石化、家电、医药等众多石化关联产业，具有广阔的经济发展前景和市场空间。华东地区6省1市纺织、汽车、电子、轻工等产业在全

国占有重要地位，而这些产业的发展都离不开石化产业提供的各种原料，如合成树脂、合成橡胶、合成纤维及各种精细化工产品等。2013年，华东地区石油和化学工业产值约占全国总产值的45%，而化学工业总值占全国比例则达到55%，其中炼油、乙烯产能均占全国的1/3左右，是我国石化产业集聚区之一。

舟山新区对内依托长三角，背靠上海、杭州、宁波等大中城市群，长三角地区是我国最重要的石化生产基地和消费区域，是石化企业最集中、发展潜力最大的地区。对外，舟山新区不仅可为穿梭于世界各地、过往于此的大型油轮提供燃油补给等服务，石化产品还可利用港口条件面向东北亚和迅速崛起的亚太经济圈，置身于世界经济的整体之中，大幅拓宽产品市场空间。

（二）岸线资源丰富，港航物流发达

在多种海洋资源之中，舟山群岛最大的比较优势是岸线和海岛优势。舟山群岛深水岸线资源丰富、建港自然条件十分优越，船舶避风和锚地条件良好，多条国际航道穿境而过。舟山群岛新区适宜开发深水岸段共54处，总长度279.4公里，占浙江省55.2%，占全国18.4%，主航道可通行20万吨以上船舶，境内的虾峙门国际航线可全天候通行30万吨以上巨轮，特别适合建设大进大出的大型炼化一体化项目，将有效降低原油及大宗产品的运输费用，具有提升竞争力的天然岸线、港口优势。

宁波-舟山港域目前已建成各类生产性泊位317个，码头泊位品种齐全，港口基础性功能全面实现，其中，1万吨级以上油品泊位70座，设计年通过能力10500万吨；25万吨级以上原油泊位3座，设计年接卸能力4450万吨，2013年进口原油达到2453万吨，占全国进口量的8.7%。依托优越的港口运输条件，舟山已发展成为国家利用国际资源、进口大宗物资的重要基地，目前已建成亚洲最大的铁矿砂中转基地、全国最大的商用石油中转基地、全国重要的化工品和粮油中转基地、国家石油战略储备基

地、华东地区最大的煤炭中转基地和舟山港综合保税区，油品罐储能力达到 2200 万 m³，为舟山群岛新区建设大型现代绿色石化基地奠定了良好基础。

（三）远离人口密集区，环境安全风险很低

舟山是典型的海岛城市，周围被浩瀚的大海所包围，形成了特殊的海洋生态环境，对污染物排放具有较强的稀释自净能力。并且海岛风速较大，平均风速在 3 米/秒以上，非常有利于大气污染物的扩散。与长江中上游 1 万多家重污染、具有重大环境风险的石化企业相比，舟山地处我国沿海中部的东海洋面上，距离长三角城市群人口稠密区较远，因此在舟山布局石化基地的环境安全风险和社会稳定风险很低。

从建设绿色石化基地选址条件来看，舟山有大长涂岛、衢山本岛和鱼山岛等多个场址可供选择，但鱼山岛尤具显著的优势。鱼山岛作为悬水小岛，地域空间相对独立、安全防护纵深广阔，岛上现有少量居民迁移后，周边 8 公里范围内无居民区，与岱山城区距离 20 公里以上，与定海城区距离 30 公里以上，远离人口密集区。因此在鱼山岛布局大型绿色石化基地可以从源头上破解邻避困境，为石化产业发展创造良好环境。

（四）岛屿数量众多，滩涂资源丰富

随着工业化进程的加速，长三角地区资源和环境承载的压力越来越大，特别是人多地少的矛盾将会越来越突出，人地矛盾空前严峻，经济发达地区耕地大量减少，"占补平衡"难以为继，直接影响到粮食安全和社会长期稳定。当经济的高速增长使资源和环境的承载几乎达到极限时，必须寻求新的发展空间，将经济重心和人口重心逐步向沿海地区疏散和转移是一个必然选择。

舟山群岛新区四面环海，岛屿众多，滩涂资源丰富，其中 5 米等深线

以上的滩涂资源共计595.7平方公里，0米以上的滩涂资源185.3平方公里，土地围垦空间较大。近年来，舟山市严格按照国家下达给浙江的建设用海指标进行建设规划，计划将在长涂岛、鱼山岛以及六横岛等地进行滩涂围垦，发展海洋经济。根据舟山市围垦规划，在大长涂岛南部及东部可围垦土地约21.3平方公里，其中双剑涂区可围垦面积约7.5平方公里，经过围垦后可形成较大范围的平地。鱼山岛围垦区域可围垦形成土地面积41.0平方公里。因此，舟山群岛新区可以通过围垦提供大量建设用地，岸线和腹地的良好配合将为前港后厂的临港绿色石化工业的发展提供宝贵的土地资源。

（五）借鉴其他新区经验，借力政策优势

舟山群岛新区是国务院批准的中国首个以海洋经济为主题的国家战略层面新区，是继上海浦东新区、天津滨海新区和重庆两江新区后，党中央、国务院正式设立的又一个国家级新区。浦东新区成立之初，在金融政策、贸易政策、关税政策、科技创新政策等方面，获得多种国家优惠政策。舟山群岛新区可以借鉴其他新区经验，在综合保税、自由贸易等方面争取更多的政策支持。政策优势有利于建设国际化开放型石化基地，对利用境外资源建设大型石化项目更具吸引力。

二、劣势及约束条件分析

（一）水电供应薄弱，基础设施亟待加强

舟山市供电能力除了装机容量37万千瓦外，还通过宁波220千瓦南变两回联网线路至舟山本岛，供电能力14万千瓦；通过宁波芦江变一回线路至六横，供电能力10万千瓦，目前基本能满足全市生产生活需要。但随着全市经济的快速发展，特别是当引进高投入、高消耗的石化工业时，水电的需求量会急剧增加。尤其在水资源方面，当前舟山淡水资源相对稀缺，

每平方公里水资源量为47.1万立方米,人均淡水资源拥有量707立方米,仅为浙江省人均拥有量25%,且约1/4的淡水资源分布在无人小岛及盐田、养殖用地上,无法直接利用,水资源短缺是舟山发展石化产业的重要制约因素。因此,迫切需要加强与宁波在陆向通道、供水、能源等重大基础设施建设方面的互联对接和统筹谋划,加快建设供水(包括海水淡化)、供电、交通和通信等基础设施建设步伐,以满足石化产业发展的需求。

(二)石化产业基础较弱

由于历史和现实的诸多方面原因,目前舟山石化工业整体规模和水平仍远远落后于国内先进水平,缺乏大型有实力的龙头企业作为依托,尚未形成规模化、系列化的产业链结构,缺乏产业集中度和集群性,与当地和周边地区的市场需求极其不相称。

舟山的人才储备也面临着巨大挑战和严峻考验。人才实力不能适应新区发展需要,全市主要劳动年龄人口接受高等教育比例仅占13.3%,明显低于北京、上海及长三角周边发达城市,高技能人才较为匮乏。知名高校、高层次研发机构匮乏,科创园区、留学生园区还未正式运作。重大科技和工程技术项目缺少,人才与项目、人才与产业之间耦合程度不高。城市基础设施、医疗、子女教育、文化休闲等条件与周边发达城市还有一定差距,难以满足各类人才多样化、差异化需求。

(三)周边石化园区快速发展

我国是目前全球化工增长最快的市场,大型跨国化工公司都纷纷把我国作为投资的重点,建设了一批大型化工生产基地,以本土化的形式大规模占领我国化工产品市场,并且其产品以化工新材料和化学品为主,这大大压缩了我国本土化工企业的市场空间。同时,国内大型石油和化工公司不断向产业链下游延伸,具有资源优势的煤炭、电力、盐业等非化工企业进入化工生产领域,民营化工企业依靠灵活的市场竞争手段不断壮大。很多地区充分挖掘本地优势，大型化学工业园区不断涌现。

目前长三角地区集中了十余个大型化学工业园区，其中，上海、南京、宁波三大化工区是国内重要的三大石化园区，代表了国内石化园区发展的最高水平，这些产业园区的发展，将使长三角地区的石化产业集聚度和产业水平进一步提高。同时，这些园区之间也存在着一定的竞争，主要将体现在对投资的吸引、大型重点项目的国家核准、主要石化终端产品的市场营销等方面。

综上所述，舟山新区发展石化产业以自然形成的区位、岸线、岛屿和滩涂优势为主，国家赋予区域发展特殊政策的优势为辅，主辅优势相互叠加，相得益彰。其劣势通过不懈的努力会逐步克服，形成不可多得的积聚效应。

第五章　舟山群岛新区石化产业基地选址

舟山群岛区位条件独特、资源禀赋优越，从建设绿色石化基地选址条件来看，有多个场址可供选择。

根据国家和地方相关政策、法律、法规的规定，充分考虑到石化基地项目特点及对环境保护、安全生产及节约资源能源的要求，并兼顾投资经济性，经与地方政府研究，多次筛选，初步选定了三个备选场址，分别为大长涂岛、衢山本岛和鱼山岛，各备选场址主要建设条件如下。

第一节　备选场址基本建设条件

一、大长涂岛

——地理位置

大长涂岛位于舟山市海域中部，南临黄大洋、北濒岱衢洋，西有长涂港，东与小板门航道相邻，距离国际航道仅11~17公里，距上海国际航运中心洋山港40.4公里，距县城13公里，距宁波93公里，距上海180公里。

——气象情况

大长涂岛场址属北亚热带南缘季风海洋型气候，气候温和，冬暖夏凉,四季分明,季风明显。冬季盛行西北风,夏季盛行东南风。常年平均气温16.2℃,最热期为8月份,极端最高气温36.6℃;最冷期为1月份,极端最低气温-6.7℃。多年平均无霜期290.7天,多年日照时数2136小时,日照百分率48.3%,日辐射量11.7千卡/平方厘米。多年平均降雨量1073.2毫米,雨日数134.5天,多年平均蒸发量1257毫米。未发现影响选址的颠覆性因素。只要在石化园区项目建设过程中充分考虑防洪排涝、抗震、防雷接地措施,可以保证装置安全运行。

——地形地貌

大长涂岛岛内最高峰大龙山海拔290.6米。场址内山峦起伏,山脉连绵,山脊基本为东、西走向,山坡坡度一般为15°~25°。山脊有山径绕行。地貌单元属于海岛丘陵剥蚀地貌,植被以黑松林和芒草丛等为主,其余岛上岩石裸露,无高等植物。

——岸线资源

大长涂岛东部樱连门附近拥有15~30米水深的岸线约2.2公里,30米的岸线约1.8公里,30米等深线离岸约300米,可靠泊25万~30万吨级的船舶,樱连门水域经整治后可通航25万吨级以上船舶。大西寨岛北部拥有水深20~25米的岸线约2公里,可靠泊25万~30万吨级船舶。大长涂岛南部拥有水深5~13米的岸线约4.3公里,可靠泊1000~30000吨级的船舶。

——航道情况

大长涂岛附近水深条件好,其中主要为小板门航道,是贯穿舟山海域的东航路和中航路的必经之地,水深25~70米,航道宽度2.4公里,通常10万吨级航船舶可自由通过。樱连门航道位于大长涂东侧与樱花连山之岛之间,除樱连门水域北入口有两处礁石(最近点水深分别为11.4米和

13.8米)外,其余水深都在20米以上,20米等深线最窄处宽约420米,航道整治后可通航25万吨级以上船舶,对新辟的大西寨及樱连门进港航道水域需炸礁及局部疏浚以满足30万吨级吨级船舶乘潮通航要求。岱山水道位于岱山岛和大、小长涂岛之间,北接岱衢洋,南通龟山航门、灌山水道和黄大洋,是该海域外的主要航道之一。岱山航道水深条件较好,水深基本上在20米以上,航道宽度最窄处约1公里,其进港航道能力能满足5万吨级船舶通航,10万吨级船舶候潮通过。

——腹地资源

大长涂山岛整个岛屿面积约40平方公里,是典型丘陵海岛地貌,虽然陆地可用面积较少,但是岛屿四周可围垦面积较多。根据岱山县滩涂围垦规划,在大长涂岛南侧及东部可围垦土地约21.3平方公里,其中正在围垦的双剑涂可围垦面积约为7.5平方公里,经过围垦后,可形成较大范围的平地,能够满足石化基地发展需求。

——土地利用

区块内用地较为单一,主要为山林、园地、滩涂、养殖水塘等非城市建设用地,总体处于待开发阶段;建设用地主要为少量农居建设用地,现状区内农居建筑质量一般,多为2~3层建筑。

——基础配套

大长涂岛的供电电源来自岱山电网,通过高压线输入小长涂岛35KV变电站,通过10KV线路向大长涂供电。小长涂岛35KV变电站容量为8000KVA,现状用电4000KVA。大长涂岛水资源总量1188万立方米,人均水资源1950立方米,约为岱山县的4.3倍。场址上游流域有6~7条溪流,大部分比较短,长度1~3公里,东侧以杨梅坑溪流较长约3公里,西侧大坑长度约2.5公里。流域上游建有4座小型水库,总库容约26.5立方米，出海排涝闸 5 座，东剑塘 3 座，西剑塘 3 座，合计净宽 20 米。大长涂岛离岱山县城约 13.5 公里，需经二次水路转乘，岛内现有一条简易公路。项目区狗山咀有一座 300 吨级码头，此外东山咀有 1 座 150～200 吨级小型码头。

——人口情况

根据 2010 年第六次人口普查，大长涂岛有常住人口 1786 人。

——环境敏感点

大长涂岛附近没有重要的风景区、公共设施和受保护的文化、历史、宗教遗址及珍稀动植物，环境敏感点少。但大长涂岛距离普陀山较近，直线距离仅 40 公里。

二、衢山本岛

——地理位置

衢山本岛位于长江口南端、杭州湾外缘、舟山群岛中北部。地理坐标：北纬 30°20′～30°38′，东经 122°2′～123°17′。本岛行政区域面积 73.6 平方公里。距上海市芦潮港 63 公里；距洋山港 33 公里；距宁波镇海 65 公里；距定海三江 57 公里；距县城高亭镇 41 公里；距嵊泗县城菜园镇 54 公里。

——气象情况

由于受东亚季风环流影响，衢山本岛场址属亚热带海洋性季风气候区，全年冬冷无严寒，夏热无酷暑，春暖秋凉。冬夏季长，春秋季短，雨热同季。温暖湿润，光照充足。年平均气温 16.2℃，年际变化在 15.6℃～16.7℃ 之间。6—9 月属热月，年平均气温 22.3℃～27.3℃，最热 8 月，年平均气温27.3℃；最冷1月，年月均气温5.4℃。雨量较充沛，但仍属全省少雨地区；空气湿润，年平均相对湿度为78%；历年日照数年平均为2257小时，居全省之首，年均比定海多237.6小时；历年平均太阳总辐射量117.9千卡/平方厘米。未发现影响选址的颠覆性因素。只要在石化园区项目建设过程中充分考虑防洪排涝、抗震、防雷接地措施，可以保证装置安全运行。

——地形地貌

衢山本岛境内为海岛丘陵地貌，以本岛为中心，周围小岛附之。丘陵为陆地主体，面积约占65.69%，海拔多在200米以下，岛内最高峰观音山海拔高314.14米，地势总体南高北低。境内天然植被属中亚热带常绿阔叶林带，在本省植被区划中属天台山、括苍山地岛屿植被，因受海岛地形、土壤、气候等多种因素影响，天然植被主要有沼生水生植被、岩礁植被和涂地植被。

——岸线资源

衢山本岛岸线总长228公里，其中水深大于15米的深水岸线26公里，水深大于20米的深水岸线18.5公里。其中东部蛇移门岸段位于本岛东面，即蛇移门作业区，深水岸线长约3.5公里，可作大宗散货港口岸线；南部岱衢洋沿岸深水岸段位于本岛南面，深水岸线长约1.3公里，可建5万~8万吨级净化气、天然气第四代集装箱等多用泊位，岸线西部建有多座石料装卸码头，中部南扫基可造5万~8万吨级石油、煤、炭、木材和粮食大宗物资中转储运码头；衢山西侧岸段位于打水嘴至桥梁山，岸线长5公里，已全部利用；北部黄泽洋沿岸深水岸线位于衢山本岛北面，自西北角潮头门山嘴至石子门东山嘴，大面积滩涂围填后可获深水岸段8.5公里，可建造1万~5万吨级矿砂或煤炭码头5个，年吞吐量可达960标准箱。

——航道情况

衢山本岛地处舟山群岛中北部,位于岱山县东北,处长江、钱塘江入海口外缘,背靠沪、杭、甬经济区,国际航线穿越其境,被誉为我国海上"通衢大道"。境内拥有得天独厚的深水良港和航道资源,其中水深大于15米的深水岸线26公里,水深大于20米的深水岸线18.5公里,水深不淤,避风条件良好,后缘面积广阔。

——腹地资源

衢山本岛整个岛屿面积61.13平方公里,是典型的海岛丘陵地貌,虽然陆地可用面积较少,但是岛屿四周可围垦面积较多,共有滩涂面积13.79平方公里。经过围垦后,可形成较大范围的平地,能够满足石化产业发展需求。

——土地利用

衢山本岛建成区内已基本规划完成,而建成区外用地较为单一,主要为山林、园地、滩涂、养殖水塘等非城市建设用地,总体处于待开发阶段;建设用地主要为少量农居建设用地,现状区内农居建筑质量一般,多为2~3层建筑。

——基础配套

1. 供水

衢山基础设施正逐步完善,全镇共有大小水库、山塘134座,年总蓄水量500多万立方米,日产2500吨海水淡化厂1座,镇自来水供应站4处,分别在岛斗、桂花、四平和万良,职工45名,日供水能力8000多吨,年供水200万吨以上,基本实现村村通自来水。目前全镇日均用水量在6000吨左右,东邦投产运行后日均用水已达到7500吨,基本满足全镇生产生活用水。

2. 供电

电力通过 3.5 万伏海缆由岱山本岛输入,最高负荷可输送 25000 千瓦时,日最高耗电 10000 千瓦时,11 万伏海缆正在敷设中,能很好地满足全镇生产生活用电。

3. 交通

衢山本岛现有 1000 吨级客货运码头 2 座、1000 吨级车客渡码头 1 座,直升机停机坪 1 处,每天进出衢山客运航班共 25 班次,年总客流量约 65.25 万人次,日均进出旅客 1840 余人次,东邦投产后,突破日均 2000 人次。岛内拥有岛万线、中渔线、码观线、蓬莱路等主要交通干线。

4. 环卫消防

衢山本岛拥有乡镇环卫所和垃圾压缩中转站一座,环卫职工 61 名,各种环卫车辆 9 辆,2008 年成立城监执法中队。拥有乡镇专职消防队,扩招后职工 9 名,1 吨消防车一辆。

总体来看衢山本岛基础配套较为完善,依托条件较好。

——人口情况

根据乡镇社会经济基本情况统计,衢山本岛有常住人口 58256 人,全部搬迁的难度极大。

——环境敏感点

衢山本岛旅游资源丰富,拥有金沙碧海,风情渔村,海钓胜地,休闲农庄及佛教名山观音山,具有较大的旅游开发前景,所以在石化园区选址过程中,要充分考虑避开这些环境敏感点。

三、鱼山岛

——地理位置

鱼山区域介于长江口和杭州湾中间位置,位于岱山岛西侧,距岱山岛

44公里，距长江口98公里，距宁波甬江口59公里。大鱼山岛陆域面积6.22平方公里，岛的东西两面均为滩涂，以西面的鱼山围涂最大，面积约2.32平方公里，海岸线长28.13公里。

——气象情况

鱼山岛场址属于北亚热带季风海洋型气候，气候随季节变化明显，四季分明，季风明显。常年平均最高气温36.5℃，最热期为8月份；常年平均最低气温-6.5℃，最冷期为1月份，多年平均降雨量1196毫米。未发现影响选址的颠覆性因素。只要在石化园区项目建设过程中充分考虑防洪排涝、抗震、防雷接地措施，可以保证装置安全运行。

——地形地貌

拟通过实施的大小鱼山围垦，规划围涂面积约41平方公里，拟把下列众多小岛围成一体，包括鱼腥脑岛、东块礁、大峙山、小峙山、小鱼山、横梁山、大鱼山、无名峙、凉帽山、蓑衣山、花鼓山和滩锣礁等。

——岸线资源

鱼山岛的深水线位于大、小鱼山岛的南岸，全长约4000米，绵延千里的海岸线，其中可利用的深水岸线长度为4000米，前沿水深均大于15米，15米等深线距围填陆岸50~100米。

——航道情况

鱼山岛水陆域属于未开放区域，但有开放航道通过该岸段前沿水域。进出船舶可走灌门航道或龟山航门，5万吨级吨船舶可自由通行，由于航道途中存在深度-14米、长度在500米左右的浅滩，经疏浚后10万吨级船舶也可通航。

——腹地资源

虽然目前鱼山岛可用陆地面积较少，但是岛屿四周可围垦面积较多，根据舟山市围垦规划，将众多小岛围成一体就能形成较大面积的可用陆地，可围垦面积约为66.9平方公里。

——土地利用

区块内用地较为单一，主要为山林、园地、滩涂等非城市建设用地，总体处于待开发阶段；建设用地主要为少量农居建设用地。

——人口情况

鱼山岛上设社区1个，户籍在册949户，2518人，常住人口仅683人，居民主要从事海洋捕捞和海水养殖业，还有少量农林牧业、采石业，居民迁移安置工作相对容易。

——环境敏感点

鱼山岛附近没有重要的风景区、公共设施和受保护的文化、历史、宗教遗址及珍稀动植物，环境敏感点少。

第二节 备选场址方案比较

一、规划相容性分析

《浙江省城镇体系规划（2011—2020）》

《浙江省城镇体系规划（2011—2020年）》于2011年2月经国务院批准同意实施，该规划是浙江省人民政府统筹省域城乡空间发展、合理配置空间资源、提供区域重大基础设施和社会服务设施、促进地区可持续发展、指导城乡规划和建设管理的基本依据。在浙江省城镇体系规划范围内审批城乡规划和涉及区域性重大项目选址，必须遵守该规划，相关要求如下。

——城镇空间发展与城乡居民点体系方面：舟山重点建设临港工业、港口物流、海洋旅游和现代渔业四大基地。围绕宁波-舟山港一体化开发建设的金塘岛、六横岛和环岛围垦区为省级战略发展地区。发展国际集装箱贸易、重化产业和海洋经济。

——产业发展布局方面：以环杭州湾、温台沿海和金衢丽三大区域为主体组织全省产业布局。突出环杭州湾地区在全省先进制造业基地中的龙头地位，形成国际重要的先进产业集聚区和新兴的现代化城市连绵区。在宁波滨海围垦区和舟山群岛中交通条件较好的大型岛屿集中建设大型石化产业基地。

由此看出，舟山建设大型现代绿色石化基地符合《浙江省城镇体系规划（2011—2020年）》的要求。

《浙江省海洋功能区划（2011—2020年）》

《浙江省海洋功能区划（2011—2020年）》于2012年10月经国务院批准同意实施，该区划是合理开发利用海洋资源、有效保护海洋生态环境的法定依据。该区划近海基本功能区共划分港口航运区19个，海岸基本功能区共划分工业与城镇用海区34个，近海基本功能区共划分工业与城镇用海区7个。

——港口航运区：本次近海基本功能区共划分港口航运区19个，面积41688公顷，占用海岛岸线长172公里。包括大鱼山西南、黄泽山-小衢山、衢山、长涂山南等港口航运区。

——工业与城镇用海区（海岸基本功能区）：本次海岸基本功能区共划分工业与城镇用海区34个，面积88633公顷，占用大陆岸线长469公里，占用海岛岸线长 284 公里。包括舟山本岛东北、岱山西北、大长涂等工业与城镇用海区。

——工业与城镇用海区（近海基本功能区）：本次近海基本功能区共划分工业与城镇用海区 7 个，面积 7288 公顷，占用海岛岸线长 116 公里。包括小洋山、大洋山、青沙、马关、黄龙、大鱼山、衢山等工业与城镇用海区。

由此看出，鱼山岛场址和大长涂岛场址均符合《浙江省海域功能区划（2011—2020 年）》的相关要求，衢山本岛场址在避开本岛范围内的旅游景点和佛教名山观音山的前提下，也基本符合《浙江省海域功能区划（2011—2020 年）》的相关要求。

《浙江舟山群岛新区发展规划》

2013 年 1 月 17 日，国务院正式批复《浙江舟山群岛新区发展规划》，该规划是我国首个以海洋经济为主题的国家战略性区域规划，规划明确了舟山群岛新区"一体一圈五岛群"总体开发格局。

（1）"一体"即舟山岛，是舟山群岛新区开发开放的主体区域，也是舟山海上花园城市建设的核心区。

（2）"一圈"为港航物流核心圈，包括岱山岛、衢山岛、大小洋山岛、大小鱼山岛和大长涂山岛等，是舟山群岛新区深水岸线资源最佳、发展潜力和空间最大的区域，是建设大宗商品储运中转加工交易中心的核心区域。岱山岛近期积极发展临港制造业，远期规划建设大宗商品加工和区域性国际港航服务平台。衢山岛及周边的鼠浪湖、黄泽山等岛，规划建设国际燃油供应中心和矿砂、煤炭等大宗商品深水中转中心。大小洋山岛以集装箱运输、保税物流及相配套的加工增值综合服务功能为重点，建成上海国际航运中心港航配套服务中心。大小鱼山岛主要发展临港工业和大宗商品加工。大长涂岛主要发展原油储运。

（3）"五岛群"包括普陀国际旅游岛群、六横临港产业岛群、金塘港航物流岛群、嵊泗渔业和旅游岛群以及特色生态保护岛群。

在"建设大宗商品储运中转加工交易中心"部分进一步明确提出，按照市场需求，选择大鱼山等合适岛屿布局建设岛屿型、现代化、规模化的临港工业和大宗商品加工项目。

因此，鱼山岛场址与《浙江舟山群岛新区发展规划》中提出的总体开发格局相符，同时石化基地的建设对于规划目标的实现提供了有力支持。

《舟山市土地利用总体规划（2011—2020年）修编方案》（征求稿）

根据《舟山市土地利用总体规划（2011—2020年）修编方案》（征求稿），舟山市主导产业重点建设项目包括：大宗商品储运中转项目（物流基地、物流园区）、海洋工程与船舶产业重点项目、海洋旅游业重点项目、绿色临港石化产业项目、海洋资源综合开发利用产业项目、海洋生物产业重点项目和现代海洋渔业重点项目，其中绿色临港石化产业项目包括中海油舟山石化有限公司改造升级、六横燃料乙醇加工项目、鱼山岛绿色石化基地、大长涂岛油品储运交易区等建设项目。

由此可见，鱼山岛场址符合《舟山市土地利用总体规划（2011—2020年）修编方案》（征求稿）的要求。

从以上分析可以看出，大长涂岛和衢山本岛只符合《浙江省城镇体系规划（2011—2020年）》的要求，鱼山岛场址则符合《浙江省城镇体系规划（2011—2020年）》、《浙江舟山群岛新区发展规划》和《舟山市土地利用总体规划（2011—2020年）修编方案》（征求稿）的要求。

二、技术经济条件比较

根据以上分析，对各备选场址建设条件汇总如下：

表 3-4 备选场址综合比选表

序号	比选项目	大长涂岛	衢山本岛	鱼山岛
1	规划相容性分析			
	《浙江省城镇体系规划（2011—2020年）》	符合	符合	符合
	《浙江省海洋功能区划（2011—2020年）》	符合	基本符合	符合
	《浙江舟山群岛新区发展规划》	不符合	不符合	符合
	《舟山市土地利用总体规划（2011—2020年）修编方案》（征求稿）	不符合	不符合	符合
2	地理位置	位于舟山市海域中部，南临黄大洋、北濒岱衢洋，西有长涂港，东与小板门航道相邻	位于长江口南端、杭州湾外缘、舟山群岛中北部	介于长江口和杭州湾中间位置，位于岱山岛西侧，距岱山岛44公里
3	自然和气象条件	气候适宜，需考虑防洪排涝	气候适宜，需考虑防洪排涝	气候适宜，需考虑防洪排涝
4	地形地貌	丘陵海岛地貌，山峦起伏，高差较大，场地平整费用较高	海岛丘陵地貌，以丘陵为陆地主体	滩涂为主，造地成本较高
5	土地状况	岛屿面积约40平方公里，可围垦土地约21.3平方公里，总体处于待开发阶段	岛屿面积61.13平方公里，滩涂面积13.79平方公里，建成区内已基本规划完成	大鱼山岛陆域面积6.22平方公里，规划围涂面积约41平方公里，围垦成本190亿~280亿元，总体处于待开发阶段

续 表

序号	比选项目	大长涂岛	衢山本岛	鱼山岛
6	岸线资源	水深大于 15 米的深水岸线 2.2 公里，水深大于 30 米的深水岸线 1.8 公里	水深大于 15 米的深水岸线 26 公里，水深大于 20 米的深水岸线 18.5 公里	水深大于 15 米的深水岸线 4 公里
7	航道情况	小板门航道可通航 10 万吨级船舶，樱连门航道整治后可通航 25 万吨级以上船舶，岱山航道可通航 5 万~10 万吨级船舶		进出船舶可走灌门航道或龟山航门，可通航 5 万吨级吨船舶，经疏浚后可通航 10 万吨级船舶
8	居民搬迁及安置	常住人口 1786 人，搬迁难度较大	常住人口 58256 人，全部搬迁的难度极大	户籍在册 949 户，2518 人，其中常住人口 683 人，整体搬迁费用约为 12 亿元
9	环境现状	环境空气质量良好，无环境敏感目标。但距离普陀山较近，直线距离仅 40 公里	环境空气质量良好，拥有金沙碧海、风情渔村、海钓胜地、休闲农庄及佛教名山观音山等环境敏感点	环境空气质量良好，无环境敏感目标
10	社会依托条件	无依托，需依托岱山岛	衢山本岛依托条件较好	无依托，需依托岱山岛

第三节 初步选址结论

根据舟山市政府相关部门提供的技术资料及现场调研的交流研究,各备选场址的主要优缺点如下。

一、大长涂岛场址

大长涂岛场址符合浙江省相关规划的产业布局要求,但与舟山群岛新区发展规划和舟山市土地利用总体规划的要求不符。大长涂岛场址主要优点如下:

(一)居民拆迁量较少

目前,大长涂岛常住人口为1786人。根据长涂镇新一轮城镇规划,今后东剑社区将会撤并,60%人口撤并至小长途镇区,40%人口撤并至港南社区,今后大长涂岛可能成为无人居住区域。

(二)岸线和航道条件较好

从岸线资源来看,大长涂岛水深大于15米的深水岸线2.2公里,水深大于30米的深水岸线1.8公里,具备建设深水港口和大型码头泊位条件,能够满足原料和产品大进大出的运输要求。

(三)土地资源丰富

从场址建设的腹地面积来看,其土地资源丰富,离深水岸线较近,岸线与腹地具有良好的结合,且该区块主要为围垦用地,不占农田,背山面海。

大长涂岛场址最大的缺点是距离普陀山较近,直线距离仅40公里,且靠近小长途镇区,社会稳定风险较大。此外,大长涂岛场址山峦起伏,高差较大,场地平整费用较高。

二、衢山本岛场址

衢山本岛场址基本符合浙江省相关规划的产业布局要求,但与舟山群岛新区发展规划和舟山市土地利用总体规划的要求不符。衢山本岛场址主要优点如下:

(一) 深水岸线和航道条件优越

衢山本岛深水岸线和航道条件在3个备选厂址中最优越,水深大于15米的深水岸线26公里,水深大于20米的深水岸线18.5公里,水深不淤,避风条件良好,具备建设深水港口和大型码头泊位条件,能够满足原料和产品大进大出的运输要求。

(二) 土地资源较丰富

从场址建设的腹地面积来看,其土地资源也较为丰富,离深水岸线较近,岸线与腹地具有良好的结合,且本岛建成区以外的区域背山面海。

(三) 基础设施较完善

衢山本岛供水、供电、交通、环卫消防等基础设施较为完善,石化基地生活配套可依托衢山镇建成区。而鱼山岛场址和大长涂岛场址目前尚处于待开发阶段,基本无社会依托。

衢山本岛场址的缺点:衢山本岛旅游资源丰富,拥有金沙碧海,风情渔村,海钓胜地,休闲农庄及佛教名山观音山等环境敏感点。此外,衢山本岛人口众多,常住人口58256人,因此,在衢山本岛布局石化基地的环境和社会稳定风险较大。

三、鱼山岛场址

鱼山岛场址符合浙江省和舟山新区相关规划的产业布局要求,且与舟山市土地利用总体规划的功能定位一致。鱼山岛场址主要优点如下：

（一）地域空间相对独立，环境安全风险很低

鱼山岛作为悬水小岛，地域空间相对独立、安全防护纵深广阔，岛上现有少量居民迁移后，周边8公里范围内无居民区，与岱山城区距离20公里以上，与定海城区距离30公里以上，与普陀山有40公里以上，远离人口密集区。且鱼山岛的区域大气环流有利于不良空气疏散，因此在该场址布局大型绿色石化基地的环境安全风险很低，可以从源头上破解邻避困境，为石化产业发展创造良好环境。

（二）居民迁移少，征地安置较易

由于交通不便、环境闭塞，鱼山岛居民的生活配套保障水平低，近年来居民纷纷外迁，目前岛上常住居民仅683人，居民迁移安置工作在3个备选厂址中最容易。此外，鱼山岛上产业结构单一、经济规模小，动迁成本较低。目前，岱山县政府已完成居民情况和集体经济情况的调查摸底工作，并制定了整体搬迁方案，初步测算总搬迁费用约为12亿元。

（三）开发空间较大，有利产业集聚

按舟山市滩涂围垦规划，以大鱼山岛为中心，将周边的小鱼山、大峙山、楝槌山等十余个小岛屿围垦后可形成41平方公里的陆域和水深在10~15米的3公里左右岸线。按照石化产业集约化、规模化发展要求，该区域可以满足建设世界级大型石化基地的需要。

鱼山岛场址既有显著优势，也有不足之处。主要有：一是现状供地条件差，围海造地尚需一定周期，且造地成本较高，初步测算围垦成本为190亿~280亿元；二是港口条件欠优越，不能建造大型接卸码头；三是淡水供给需以海水淡化为主，成本较高；四是海岛交通不便。

综合以上各项建设条件及环境条件分析，建议优先考虑在鱼山岛布局

建设大型现代绿色石化基地。

目前鱼山岛尚处于待开发阶段,基础设施建设还未大面积启动,石化基地建设所需土地、供电、供水和交通物流等要素保障方案如下:

1. 土地空间保障

鱼山岛现在陆域空间为 $6.22km^2$,规划围涂工程面积为约 $35km^2$,总面积达 $41km^2$。通过一期围涂工程实施(拟 2017 年完成),可供石化基地用地面积约 $12km^2$;二期围涂工程完成后(2020 年),约可供石化基地用地面积达 $25km^2$;三期围涂工程完成后,可供石化基地用地面积达 $41km^2$。

此外,鱼山岛拟采取人工岛式围垦,与顺岸外推式围垦相比,对于潮间带、海湾的生态影响更小,鱼山岛的区域大气环流有利于不良空气疏散,对周边地区的环境影响更小。

2. 电力供应保障

2014 年,舟山市用电保障能力达 146 万千瓦。其中舟山市地方电力供电为 56 万千瓦,大陆电网输入 1×220KV、2×110KV 三条线路可供电达 90 万千瓦。2015 年的用电的高峰值为 92 万千瓦。

根据舟山市电力网发展建设规划,到 2020 年,舟山市可供电力达 260 万千瓦,主要包括新增一台 60 万千瓦的发电机组、新建一条 500KV 大陆输入(出)线路。

3. 供水保障

舟山淡水资源相对稀缺,在境外引水难以实现的情况下,鱼山岛绿色石化基地必须通过污水再生利用、海水利用等途径解决水资源供应。为应对水资源日益短缺的局面,海水淡化已经成为国内沿海石化企业水资源增量的重要来源。随着技术的进步和规模的增长,海水淡化成本逐渐趋势,目前国内单套海水淡化处理能力已达 5 万吨/日,海水淡化成本已接近 5 元/立方米,已降至石化行业可接受范围之内,未来随着技术创新,海水淡化成本还有降低的空间。鱼山岛绿色石化基地周边水深、水动力条件等均能满足海水淡化取水要求,因此,采用海水淡化作为鱼山岛绿色石化基地的供水水源是可行的。

4. 交通物流保障

（1）接卸环节：鱼山岛绿色石化基地附近海域水深在15米左右，不具备建造靠泊30万吨级的大型油轮靠泊的港口资源。需要相邻20~30km外其他已建在建或拟建的30万吨级大型原油泊位为依托。目前在这些相邻的区域里，已投产运行2个30万吨级和1个25万吨级原油接卸泊位，在建有2个30万吨级和1个45万吨级原油接卸泊位，已经投产仓容能力达1400万立方米。

（2）装卸环节：鱼山岛绿色石化基地，通过围涂工程实施，可形成10~15米水深的深水岸线达3km之多，可建万吨级以上泊位十余个。航道有2条：5万~10万吨船舶可从大小鱼山-官山航道或灌门航道出入，5万吨以下的船舶从大小鱼山-西航道出入。

第六章　舟山建设大型现代绿色石化基地的战略思路和目标

第一节　指导思想

以党的十八大以来方针为指导，以国家宏观经济政策和产业政策为导向，以实现经济社会和谐发展为目的，抓住国务院批准设立浙江舟山群岛新区的战略机遇，充分发挥舟山群岛新区在港口、区位、环境、政策等各项组合优势，结合国内外石化产业发展特点及趋势，按照"五个一体化"标准打造享有国际盛誉的高端绿色石化园区形象；引进一流企业，坚持不断创新，使核心产业经济技术水平达到国际一流石化产业的水平，铸就可持续发展的竞争能力和优势；以规模化和上下游一体化为标志，构建完整的石化产业链和产业集群，在科学化建设新型石化基地的过程中，引领我国石化产业升级。

第二节　发展原则

舟山新区绿色临港石化产业发展的总原则是：充分体现战略性、前瞻性和可操作性，依托港口，放眼国际，突出高新技术和可持续发展，将资源优势和区位优势转化为经济效益。未来舟山新区绿色临港石化产业发展将遵循以下一些主要原则：

统筹规划、滚动发展：坚持整体规划、分步实施、滚动发展原则。按照新型工业化和循环经济发展理念，明确功能分区，科学统筹规划；根据国家发展战略和产业政策，以市场为导向，根据舟山新区建设发展的实际需要，按照科学的时序进行开发建设。

兼顾长远、集约发展：严格按照舟山新区总体发展规划，兼顾近期开发与长远发展，努力提高土地利用率，实现有限土地的高效集约利用和基地的可持续发展。

突出特色、错位发展：在产业导向上，坚持差别化、特色化发展，与宁波石化基地一体化布局，与整个长三角地区和浙江省其他化工产业基地相协调，以促进区域化学工业整体水平的提升。

开放合作、联动发展：坚持优势互补、开放合作。把基地的区位和资源优势以及周边地区的产业、科技、人力资源等优势有机结合，实现联动发展、区域共赢。

循环低碳、绿色发展：把循环、绿色经济作为发展之本。以资源节约集约、产业集聚为目标，构建产业内部、产业之间、产业与社会的循环经济体系，实现资源和能源的最优化利用，实现石化基地发展模式创新。

高端引领、创新发展：产业的发展要坚持高起点，突出特色，提倡创新，优先考虑采用高新技术的项目，达到装置规模化、工艺先进化，要求项目技术含量高、产品档次高、环境友好度高，具有国际竞争力。鼓励创新，吸引、培育大型领先企业集团，打造世界一流石化产业集中区。

第三节　发展思路

一、依托港口建设大型炼化一体化项目，加快发展步伐

坚持外向型、开放式的理念，拓宽发展思路。发挥良好的港口及物流等基础设施条件，通过国际、国内两个市场的双向流动，建设大型炼油、芳烃及一体化项目，力争早日形成临港石化产业的核心项目；与此同时，

以围垦造地、土地开发等基础设施建设为起步，加快建设万吨级液体化学品码头以及相应的储运设施，实现大型炼化一体化产业发展和石化物流的良性互动，加快舟山临港石化产业的发展步伐。

二、顺应国家产业结构调整趋势，重点发展高端石化产品

结合舟山新区石化物流、贸易发展，以炼油-乙烯-芳烃一体化项目为支撑，以烯烃、芳烃为主要原料，发展高端化工新材料及其深加工，引进低碳环保高端石化产品和特种化学品项目。这些项目的技术含量高，原料需求量少，产品附加值高，有利于尽快形成经济效益，并提升和强化临港石化产业的竞争能力。

三、突出产业一体化、资源综合利用与产业集群发展

按照可持续发展和循环经济的整体要求，加强与相关产业之间的耦合和联系，最终形成联系紧密的一体化产业结构。同时，促进同类型系列项目集群发展，比如发展纺织和轻工行业所需的各种原料和产品，实现与区域产业的最优结合，提高产业的整体竞争力。瞄准目前国内主要依赖进口的短缺石化产品，引进国内外大型石化企业，利用循环生产模式，完善石化产业链，延伸乙烯、芳烃等产业链，形成涵盖树脂、合成橡胶、合成纤维的新材料产业，以及重要的化工中间体及高端精细化学品，重点发展新型电池材料、风电材料、聚氨酯组合料（PUR）、聚碳酸酯复合材料（PC）、船用复合材料、高抗腐海洋工程用涂料等项目。发挥低碳新材料高地的引领作用，辐射建材、医疗、电子、装备制造等高新技术产业，推动产业集聚升级。

四、以民营企业为主体，大力吸引国有企业和外资企业参与石化基地建设，积极发展混合所有制经济

充分发挥浙江省民营资本发达、民营经济活跃的优势，全面落实国家

鼓励民营经济发展和浙江省支持浙商创业创新的扶持政策，大力实施浙商回归工程，引导有实力的民营企业特别是下游石化产业的民营企业参与石化基地建设，按照行业准入要求自主建设炼化一体化项目，拓展产业链。发挥外资企业资源、技术、管理等优势，在保障国家产业安全的前提下，允许拥有先进技术或原料供应能力的外商投资企业独资或控股建设炼油、乙烯及一体化项目，进一步增强原油供应保障，推动高端石化产品发展，促进产业结构调整和转型升级。大力对接中央企业、省属国企，促进国有企业和民营企业互动发展，积极发展混合所有制经济。

第四节　战略定位

大型石化原材料储运中转交易基地：依托舟山新区的良好区位条件及深水港口资源，建设大型、岛屿型商业原油及成品油储备基地、原油及成品油交割区，进一步提高我国原油及成品油综合储备能力，增强国家能源安全保障能力；建设面向华东、华北及东南亚的大型石化物流中转基地，为进一步发展石化产业奠定基础。依托上海国际航运中心和东北亚主要国际港口过境船舶需求，在紧靠国际航道的衢山岛建设国际离岸燃油供应中心，开展离岸燃油业务。

大型一体化石化产业基地：充分发挥舟山新区深水岸线优势及区位市场优势，建设大型炼油、乙烯、芳烃联合装置，中下游重点发展低污染、高附加值的化工新材料和精细化工产品，打造岛屿型、现代化、生态型、具有国际先进水平的绿色石化产业基地。

高端石化材料产业基地：响应战略性新兴产业发展要求，以高端合成树脂、特种合成橡胶、功能性复合材料等国家"战略性新兴产业"中所提出的化工新材料为石化产业发展的重点和方向，形成创新型临港型绿色石化产业基地。

第五节 战略目标

一、产业规模目标

总体目标：通过 10~20 年的努力，将舟山新区石化产业基地打造成为面向环太平洋经济圈的世界级绿色临港石化产业基地。根据"统筹规划、分步实施"的原则，舟山新区石化基地分为两期进行建设。

近期（2015—2020 年）：

以民营企业为主导，首先重点实施 2000 万吨炼化一体化项目，按照"宜油则油、宜芳则芳"的优化原则，建成 2000 万吨/年炼油和 570 万吨/年对二甲苯，项目建成后将极大缓解国内，尤其是长三角地区 PX 供需矛盾，同时满足华东地区对清洁油品的需求，促进油品质量升级，实现清洁发展。

利用港口进口原料及本地周边基础资源，积极引进市场急需、投资规模较小、建设周期短的项目，如三元乙丙橡胶、高吸水性树脂、高档碳纤维和聚苯醚等化工新材料和特种化学品项目。力争到"十三五"末，建成一批高附加值、带动性强的化工新材料和精细化工项目。

远期（2021—2030 年）：

进一步扩大炼化一体化规模，规划建设二期 2000 万吨/年炼油，配套建设 590 万吨对二甲苯和 120 万吨/年乙烯和 100 万吨/年芳烃，使炼化一体化中的乙烯原料得到高度的轻质化、优质化，形成较强的竞争力。

利用炼化一体化提供的烯烃和芳烃等资源，重点发展基础原料和大宗合成材料，进一步拓展化工新材料和特种化学品种类，发展合成材料深加工产业，并实现与一期产品链的有效融合。

二、投资效益预估

参考《工业项目建设用地控制指标》及国内外领先化工园区的投资水平，舟山现代绿色石化基地可实现总投资（含土地开发、配套工程投资）约1980亿元。以布伦特原油80美元/桶为基准初步测算，预计到2020年，舟山新区石化基地每年可实现销售收入约1318亿元，利税总额约332亿元，利润总额约91亿元；到2030年舟山新区石化基地每年可实现总销售收入3826亿元，利税总额828亿元，利润总额460亿元。

表3-5 舟山大型绿色石化基地发展预期效果（单位：亿元）

项目	2020年	2030年	备注
总投资	660	1980	
销售收入	1318	3826	
利税总额	332	828	含成品油消费税，其中汽油2110元/吨、柴油1411元/吨
利润总额	91	460	

第七章 措施建议

第一节 科学建设石化基地

坚持"集约化、基地化、一体化、清洁化"发展的布局原则,强化石化产业集中度和规模化水平,实现石化产业科学可持续发展。抓好具有竞争优势和发展潜力的现有石化基地升级改造的同时,在沿海地域空间相对独立、安全纵深广阔的孤岛、半岛、废弃盐田,科学布局新建石化产业基地。舟山在区位、岸线、岛屿、滩涂、环保和政策等方面优势突出,具备建设石化产业基地的基础要素。

第二节 促进宁波-舟山石化产业一体化布局

宁波与舟山,地域相连、人缘相亲、文化相同,二者作为浙江省海洋经济发展的核心区域,必须统筹规划、合理布局、明确分工、形成合力。就石化产业发展而言,宁波是我国华东地区重要的石化产业基地,舟山应主动接受宁波的辐射和带动,加强与宁波石化产业基地的对接和融合,重点承接石化下游深加工以及在宁波石化产业基地难以落地的 PX 项目,努力实现一体化;同时,舟山大型绿色石化基地的建设有利于加快该区域石化产业集群化建设,提升石化产业层次和水平。

第三节 采用先进技术发展高端石化产品

引进当前最先进的适用技术，或引入掌握先进石化生产技术的跨国公司，如台塑和 BP 等，允许其独资或控股建设一体化项目，依托其技术优势大力发展高性能合成材料、新能源产业基础材料、高端专用化学品等技术含量和附加值高的产品，延伸产业价值链，以差异化、高价值的产品引领发展。

第四节 加强科研体系建设，打造研发支撑平台

石化产业的持续发展离不开技术进步和产品的更新，先进的技术水平是保持强大竞争力的关键所在，舟山群岛新区石化产业基地定位于建设世界级石化产业基地，石化中下游延伸产业重点发展高附加值、高技术含量的高端石化化工产品，对建立科研体系的需求十分迫切。在石化基地建设之初就应设立科研开发中心，加大投入，集中打造研发支撑平台；鼓励入驻大中型企业建设企业级研发中心；加强中介服务，在科研院所与企业、企业与企业之间形成集研发、设计、生产于一体的良好纽带，构筑高效的技术服务平台；加强对新技术示范项目的支持和鼓励力度，在政策上给予一定的支持。通过科研体系与研发平台的建设，使舟山石化基地成为科研与生产相结合的有机体。

第五节 严格生态环境管理和清洁绿色生产

为保证将舟山群岛新区石化基地建设成为现代化的循环经济产业基地，要建立起切实可行的环境管理制度和清洁生产机制，将环境保护融于

基地建设和运营的全过程之中，使环境保护成为重要决策因素。基地设立专门的环境保护管理部门加强对基地环境进行整体管理；入园项目必须采用先进技术和工艺，从源头上减少废弃物排放，体现绿色生态化工特色；贯穿循环经济理念，引入废弃物处理及综合利用类的项目；倡导责任关怀，提升企业的社会责任意识，引导入园大型企业定期发布责任关怀报告，确保石化产业与周边自然环境和城镇和谐发展。

第六节　鼓励各类所有制企业参与石化基地建设

贯彻党的十八届三中全会精神，加大产业放开力度，创新发展方式，积极发展混合所有制经济，充分发挥浙江民营资本优势，以民营资本为主体，鼓励国有资本、外资资本共同参与石化产业基地的建设，拓展资本来源，保障规划实施。鼓励有实力的民营企业特别是下游石化产业的民营企业，按照行业准入要求参与基地建设，自主建设炼化一体化项目，拓展产业链。推动不同投资者建立战略联盟，采取合资、合作的方式建设项目，发挥各自优势，加快项目的建设和发展。

第七节　加快基础设施建设，创新投融资体制

舟山群岛新区基础设施建设取得了快速进展，但基础仍然薄弱。为推动石化基地的建设和发展，一方面应采取多种方式加快园区基础设施建设；另一方面应加大筹资力度，倾全省之力加快新区综合交通网、能源保障网、水资源利用网、海洋信息网和海洋防灾减灾网的建设，完善石化基地外围配套条件，增加对投资者的吸引力。实施更加开放的金融政策，创新基础设施投融资体制，做大做强融资平台，基础设施可采取 BOT、TOT、PPP 等多种建设及运营模式，对给排水工程、污水处理工程、公用管廊等经营性基础设施项目，引进世界级的专业公用工程供应商如法液空集团、

中法水务集团等参与投资,实现政府/园区/企业与这些专业公司的合作共赢。

第八节　构建人才资源支撑体系

充分依托浙江海洋学院石化与能源工程学院培养石化专业人才,并积极推进浙江海洋学院与中国石油大学等石化专业院校联合办学,建立适应石化产业发展所需技能人才的培养机制。加快以职业院校为基础、以企业为主体、政府推动和社会参与相结合的高技能人才培养体系建设。坚持产业聚才、项目引才、事业留才,以项目建设促进人才集聚,以人才集聚推进项目建设。加强人才市场建设,进一步发挥人才市场在人才资源配置中的基础性作用,推动石化人才合理流动。

第九节　充分发挥舟山新区体制机制综合优势

舟山群岛新区的开发得到了国家、浙江省和舟山市各级党政部门的高度重视和大力支持,这为石化基地的发展奠定了坚实的政策基础。但石化产业具有投资高、风险大的特点,在石化产业发展的过程中,应该进一步加强与国家和各级政府部门的沟通,充分发挥舟山群岛新区政策体制机制综合优势,积极争取国家赋予舟山群岛新区更多的先试先行政策,在用地用海、税收政策、金融创新、人才引进和基础设施建设等方面制订针对石化项目的详细明确的发展政策,为加快企业入驻、启动项目建设获得更好的政策条件。

第十节　做好项目社会稳定风险防控工作

加强社会稳定风险评估，落实风险评估与防控责任，加大项目前期工作民意征集和宣传引导力度，及时发现和消除隐患，把风险化解在项目前期。建立风险防控机制和风险化解机制。增强企业社会责任意识，加大责任关怀力度，树立行业正面形象。

研究报告四：

舟山自由港区建设研究

(2017 年)

课题组组长：郑新立
成　　员：刘　森　徐　伟　盛思鑫　李宇静
　　　　　王　维

2013年1月,《浙江舟山群岛新区发展规划》(以下简称《规划》)获国务院正式批复,标志着舟山群岛新区改革发展蓝图正式绘就,舟山群岛新区建设进入新阶段。这是党的十八大提出海洋强国战略以后,我国首个颁布的以海洋经济为主题的国家战略性区域规划。国务院对《规划》的批复中指出,《规划》实施要紧紧围绕浙江海洋经济发展先导区、海洋综合开发试验区和长江三角洲地区经济发展重要增长极的战略定位,进一步深化改革开放,先行先试,着力优化空间开发格局,着力调整海洋经济结构,着力实施海洋综合管理,着力加强海洋生态文明建设,逐步将舟山群岛新区建设成为我国大宗商品储运中转加工交易中心、东部地区重要的海上开放门户、重要的现代海洋产业基地、海洋海岛综合保护开发示范区和陆海统筹发展先行区。建设浙江舟山群岛新区,有利于打造国民经济发展的新增长极,有利于构筑我国扩大对外开放的新平台,有利于为全国海洋经济科学发展提供示范,有利于提高国家战略资源安全的保障能力。建设好浙江舟山群岛新区,对于我国探索海洋经济科学发展新路径、实施海洋强国战略和完善区域发展总体战略具有重要意义。《规划》提出舟山群岛发展"三步走"的战略,即首先把舟山群岛建成自由贸易港区,然后建成自由园区,再建成自由港区。未来,舟山群岛自由港区的发展将实现对外开放向高层次、宽领域、纵深化方向发展,形成可复制、可推广的经验,为其他地区提供引领示范的重要作用。

第一章　舟山自由港区建设"三步走"战略实施进展情况

建设舟山自由港区是实现邓小平"再造几个香港"战略构想的具体体现，也是当前实施"一带一路"倡议的重要支点，有利于构筑我国扩大对外开放的新平台，具有国家层面的战略意义。

第一节　"再造几个香港"战略内涵

深刻地理解邓小平从"可以实行自由港的某些政策"的提出，到在内地"再造几个香港"战略构思的脉络和其历史价值。1988年6月3日，邓小平在会见"90年代中国与世界大会"与会代表时说："现在有一个香港，我们在内地还要造几个'香港'，就是说，为了实现我们的发展战略目标，要更加开放。"1989年5月，邓小平在与当时的中央负责同志谈话时又重申："我过去说过要再造几个'香港'，就是说我们要开放，不能收，要比过去更开放。不开放就发展不起来。……总之，改革开放要更大胆一些。"1992年考察深圳时，邓小平说："我想在国内再造几个香港。""不学习资本主义先进的东西，闭关自守是很愚蠢的。"他要求，"必须大胆吸收和借鉴人类社会创造的一切文明成果，吸收和借鉴当今世界各国包括资本主义发达国家的一切反映现代社会化生产规律的先进经营方式和管理方法"。香港是一个典型的自由港。香港有成熟的市场经济体制，有与国际接轨的管理和法治，有世界上重要的国际金融市场，有领先的转口行业，有高效的商务服务平台等。邓小平提出的内地造几个"香港"，其本意就是要融香港的资本主义优势和内地的社会主义优势为一体，从而加速中国特色社会主义建设的步伐。按照邓小平的战略构想，"再造香港"就是实行"自由港的经济政策"，使对外开放向高层次、宽领域、纵深化方向发展。

第二节 舟山自由港区"三步走"取得的成效

自《规划》获批以来，舟山自由港在许多方面都有新突破、新进展、新成就。归纳起来主要有以下几方面：

一、规划得到政策的有力支持

自 2013 年 1 月《浙江舟山群岛新区发展规划》获得国务院批复后，2014 年 12 月 30 日，浙江省政府发文批复《浙江舟山群岛新区（城市）总体规划》。2015 年 4 月，农业部批复同意并支持建设舟山群岛新区国家远洋渔业基地。2016 年 4 月 19 日，国务院正式批复设立舟山江海联运服务中心，明确要打造国际一流的江海联运综合枢纽港、航运服务基地和国家大宗商品储运加工交易基地。还有绿色石化基地、中国（浙江）大宗商品交易中心等一大批专业规划获得相关部门批准。政策支持有力推动了舟山自由港建设的快速发展。

二、重大建设项目有效实施

在《规划》的引领和统筹下，一大批重大工程项目在不断地启动和建设。核心港区重点项目开发正在加快建设。2016 年，舟山江海联运服务中心、自贸试验区、波音 737 完工和交付中心等一批重大战略和项目取得突破。鼠浪湖矿石中转码头二阶段、万向石油转运二期、舟山港外钓岛原油码头等项目正在加快建设中。小洋山北侧集装箱内支线泊位等项目也在积极谋划中,未来中国首批可接靠40万吨级矿石船的7个泊位中,舟山布局3个。衢山分区建设顺利推进。完成了衢山分区控制性详细规划;西三区围堤及陆域形成工程加快推进,万良港码头及配套工程已于2016年6月份完成主体工程,综保区衢山分区管理用房、熏蒸房等附属工程基本完成建设工作;30万吨级铁矿石卸船泊位正式对外开放,衢山分区一期于2016年11月17日顺利通过省联合验收组实地验收。其他诸如海工和装备制造、主题文旅、公共配套等;临港产业、绿色石化、重大基础设施,包括规划建设中的铁路、港口等都在有序推进中。

三、重要平台建设稳步推进

正在加快构建江海联运服务支撑平台,建设大宗商品交易中心。把交易市场建设作为综保区特色发展、快速发展的重要内容,结合舟山产业发展特色,谋划推进进口船配、石油化工、大宗基础原材料、进口水产品冷链等十大专业交易市场建设,目前各交易市场运行良好。浙江石油化工交易市场于2015年6月3日正式挂牌成立,累计入驻企业200家;省内外进口商品直销中心直销店陆续开业运营;基础原材料交易市场于2016年3月投入运营,已有20余家企业入驻。水产品交易市场平台公司已完成注册,正与海力生集团联合组建保税水产品及冷链交易市场。矿产品、金属以及进口木材等交易市场全面筹建和招商中。同时,优化监管,立体化运行机制在完善中。正在以保税燃料油供应为突破口推进国际海事服务基地建设,积极创新口岸通关和监管模式。探索重点项目关检保障机制,成功实行"区内结算"和"先进区、后报关"等创新制度,开展关检联合"三个一"试点,推出"两单一证"等20余项监管便利化措施。

四、舟山港综合保税区封关运作

舟山综合保税区作为试验田,积极探索自由贸易政策,其各项工作运作良好。在招商引资上,综保区先后搭建了32个专业招商平台,自2014

年1月封关运作,到2016年5月17日,累计完成企业注册2811家,总注册资金333亿元。2016年1—10月,实现财政收入2.8亿元,同比增长177%;综保区实现贸易额319亿元,增长104%;一线进出境累计货值达1.59亿美元,同比增长10.7倍,在全国综保区排名从2015年最末位上升至第26位。外锚地供油、全业态国际海事服务基地、综保区商务中心建设等也进展顺利。

五、中国（浙江）自由贸易试验区正式挂牌

2016年12月15日,国务院自贸试验区工作部级联席会议办公室在征求国家各有关部委意见的基础上,将7省市自贸试验区总体方案统一上报国务院并原则同意报党中央审批。2017年3月15日,国务院正式批复《中国（浙江）自由贸易试验区总体方案》。4月1日,中国（浙江）自由贸易试验区正式挂牌。在舟山自贸试验区内,省级跨境贸易电子商务示范园区建设全面启动,"海外仓"项目常态化运作,浙江石油化工交易中心挂牌成立。

六、开放水平不断提升

全面扩大对外开放,把航线开辟作为综保区的重大基础设施,开通了对日直航线、对台小额贸易航线以及同宁波、太仓港外贸内支线,日韩、欧美、东南亚等内支线运营良好。承接创新上海自贸区政策,复制推广"区外保税展示"、"简化无纸通关随附单证"、"简化备案清单"、"智能卡口验放"以及"先进区、后报关"等9项上海自贸区监管创新制度。加强通关监管和服务创新,建立综保区口岸部门联席会议制度,相继推出"两单一审""无纸化通关"等各类监管便利化措施20余项,关检联合"三个一"试点稳步推进,逐步减少区内企业开展业务、货物进出区、船舶、人员进出境相关行政审批事项,简化审批流程。全面启动通关服务中心,海关、国检、海事、边检等涉外机构、代理企业集中入驻,为涉外企业提供

一站式服务。对于企业工商登记注册实行"零收费"制度，对于企业工商登记注册实行"零距离"，"全程代理+专人负责制"。设立企业综合服务中心，市场监督、国地税、国土等分支机构入驻企业综合服务中心，企业不出区即办妥工商注册所有手续，提供一站式服务。

七、全业态国际海事服务改革创新取得显著突破

以保税燃料油为突破口，全业态国际海事服务基地建设全面突破。从2014年开始，陆续推进实施保税燃油调和、跨关区直供、吨税减免、外锚地供油、一船多供、夜间供油等一系列重大政策业务，2016年创新突破新型一船多供、全港区海员更换等政策。海事拓展增值服务实现效益外延。建立了外供农产品基地、外供物资配送中心，外轮供应信息化平台建设抓紧推进，全面整合形成一套物资齐全、价格优惠、供应规范的物资供应体系；2016年3月25日开展了首单外锚地物资供应业务，专用供应船已开展常态化运作。海事衍生业态逐步丰富。综保区海事服务大厦已聚集报关代理、仓储物流、外轮供应、融资租赁、跨境电商、理赔仲裁等海事配套服务企业和分支机构30余家，海事服务聚落初步形成。目前共引进海洋产业融资租赁企业8家，注册资金27.5亿元，推进了舟山金融租赁产业的良性发展。

第三节 抓紧"三步走"战略实施的主要举措

舟山群岛的发展提出"三步走"战略，前两步按照既定目标有序进行，并且取得了显著的成效。当前，世界经济增长仍处在低迷状态，经济增长乏力，经济发展格局也在低迷中调整变化。在面对外部环境压力和挑战的同时，也存在很多机遇。当前，应抓紧时间着手开展第三步对外开放的研究，借鉴新加坡、中国香港和迪拜等自由港发展的经验，提前谋篇布局，切实推进舟山群岛新区全面开发开放，更好地实现建成自由港区的第

三步战略目标。

一、加快构建江海联运服务支撑平台

着力推进一批特别紧迫、具备较强操作性、契合市场需求的重点港口项目，并加快构建江海联运服务支撑平台。争取到2020年，基本建成通江达海、功能健全、服务高效的现代化江海联运服务体系，江海联运运量达到3.5亿吨；到2030年，现代化的江海联运服务中心全面建成，成为我国乃至世界重要的大宗商品资源、交易和定价中心。

二、推进舟山绿色石化基地建设

舟山绿色石化基地建设项目是我国打破日、韩等石化强国对芳烃、乙烯等重要石化原料垄断的标志性工程。舟山绿色石化基地要坚持整体规划、分期实施、科学布局、安全环保、开放合作原则，按照"民营、国际、绿色、万亿、旗舰"定位和国家级石化基地"产业园区划、炼化一体化、装置大型化、生产清洁化、产品高端化"的要求，抓好舟山绿色石化基地的规划与建设等各项工作。

三、开展运营模式先行先试

以舟山自由贸易试验区获批为契机，以保税燃料油供应为突破口，推进国际海事服务基地建设；积极创新口岸通关和监管模式，探索重点项目关检保障机制。创新通关和口岸监管模式，推动江海联运中心建设取得新进展，探索重点产业转型升级新路径。推动宁波舟山港通关监管一体化，争取实现信息互换、监管互认、执法互助，强化江海联运信息化建设。承接国际贸易"单一窗口"落地，探索推动舟山港综保区功能拓展。

四、开展体制机制先行探索

舟山是以整个地级市全域设立新区，舟山群岛新区在建设中先行先试，一方面加大改革创新力度，优化新区行政管理机制和运作模式；另一方面创新行政审批机制和投融资机制，为新区发展营造良好的环境。在引导人才政策、产业政策、国际海事服务基地、国际远洋基地等方面，加强创新。构筑我国扩大对外开放的新平台，积极拓展我国对外开放的广度和深度。

五、加快海洋经济发展

按照供给侧结构性改革要求，立足舟山资源特色优势，积极推动资本、劳动力和资源向符合新区发展方向的产业转移，聚焦港贸物流、临港装备、绿色石化、海洋旅游、现代航空、海洋数据及应用、现代渔业等若干产业集群发展战略，加快产业转型升级步伐。抓好国家船舶与海工装备新型工业化示范基地建设，探索完善助推船舶工业转型升级新举措。深化远洋渔业发展创新。为充分发挥投资在海洋经济发展中的关键作用，着力推动一批具有全局性、基础性、战略性的重大工程，使浙江成为海洋经济发展先导区。

第二章　香港自由港发展的主要经验与教训

自 1841 年英国宣布香港成为自由港以来，香港顺应国际贸易环境、经济全球化的潮流，由一个自然资源极其匮乏的小渔村发展成为以贸易、金融、制造业、通讯、航空、海运和旅游等产业为主的港口城市。香港自由港主要由若干功能区组成，具有发展转口贸易、出口加工及金融、商业和旅游等多种功能。作为综合型自由港，香港自由港的范围涵盖了整个港口城市，城市即自由港。

第一节　香港自由港的形成

香港自由港的发展演变经历了由单一专业型向综合型的转变。香港自由港的空间结构与规模由港口型，港口和工业区相结合的港区型向港口与城市相结合的港城型，并最终向跨边界区域一体化型自由港发展与演化。

一、转口贸易型自由港（1841—1952 年）

1841—1946 年，转口贸易是香港经济的重要支柱。这个时期，几乎所有行业都与转口贸易发生直接或间接的关系，此时的自由港依旧是转口贸易港，加工制造业不发达，尽管转口贸易商品种类发生变化，但这种单一的以转口贸易为主的经济结构，一直持续到 20 世纪 50 年代。

二、加工贸易型自由港（20 世纪 50 — 60 年代）

转口贸易地位发生转变。此时的香港主要以纺织、成衣业劳动密集型产业为支柱，同时各种服务业与之配合，形成了包括柴湾、沙田等众多工业区。当时码头的货柜化加速了香港制造业的发展。到 60 年代后期，香港经济结构转变为以轻工业及其产品外销为主，从根本上改变了以转口贸易为主的局面，这标志着香港已进入加工贸易型自由港阶段。

三、综合型自由港（20 世纪 70 年代末—80 年代）

香港加工贸易面临着日益激烈的国际竞争，同时西方国家在滞胀的冲击下，实行贸易保护主义政策，加之中国大陆实行对外开放政策以及亚太区域经济一体化的发展，粤港地区经济一体化发展趋势显著，促使香港制造业和服务业走向多元化的发展道路。在工业多元化的推动下，一些高新技术部门如电子工业迅速成长，新的高增值产品不断涌现，并在国际上占据重要地位。制造业和对外贸易的蓬勃发展，又推动了通讯业、航运业、金融业、旅游业、房地产建筑业的迅速发展，从而形成了以制造业为基础，服务业为主导的多元化经济结构，并最终成为世界航运中心、金融中心、国际贸易中心及旅游中心。在空间上，自由港也由港口与工业区相结合向港口与城市相结合的港城型自由港发展。

四、跨区域综合型自由港（20 世纪 90 年代至今）

香港通过和多个国家和地区缔结双边自由贸易协定，促进区域经济一体化。系列政策框架签署实施加深跨区域综合型自由港的发展。香港自由贸易政策的基础是多边贸易制度。香港于 1995 年成为 WTO 的创始成员之一，香港亦是包括亚太经济合作组织、经济合作及发展组织在内的一些区域性经济合作组织的积极参与者，也是亚洲发展银行和世界海关组织的正式会员。此外，香港回归后，在实行"一国两制"的方针下，还与多个国家和地区签署了《香港与新西兰紧密经贸合作协定》、香港与欧盟自由贸易协定、香港与智利自由贸易协定等,为自由港的继续发展创造了条件。

2001年,随着中国加入WTO,内地经济由局部开放向全方位开放转变。2003年,在WTO总体框架之下,《内地与香港关于建立更紧密经贸关系的安排(CEPA)》签署和实施。此后,这一制度安排在实践中持续补充完善,截止到2011年年底,共签署了8个补充协议,推进了广东特别是珠三角区域在服务业领域对港澳的开放。通过内地与香港建立自由贸易区,使香港的产品和服务能够与其他地区相比以更加优惠的条件进入内地市场,起到加强香港作为内地与国际经济联系的桥梁和纽带的作用。香港本身对内地的区域性运输和仓储服务功能也由此获得进一步发挥。

第二节 产业结构变化特点

香港发展模式演变的本质特征是其产业结构实现了由初级商品的转口贸易以及面向出口的劳动密集型加工贸易,向以金融、国际贸易、航运物流、新技术加工制造、旅游与房地产业为主转变的多元经济结构,并最终向知识密集、资本密集的金融、国际贸易、航运、旅游、"文教医"服务为主的现代服务业的发展演变。20世纪70年代末开始,香港产业结构变化特点如下:

一、制造业萎缩

由于比较利益因素,资源必然主要流向贸易、金融和房地产等行业,因而制造业中的研究与开发活动投资短缺,所以,20世纪70—90年代,香港制造业基本格局还是以劳动密集型产业为主,技术密集型产业仅增长15.31%。但香港制造业的比重逐年收缩。1970年香港制造业产值占GDP的比例高达30.90%,1994年便下降为9.30%;制造业就业人口比例从1971年的47.70%降至1994年的19.60%。

二、服务业兴起

随着制造业的萎缩,香港的批发零售、旅馆、餐馆业、保险、金融和房地产等服务业却不断发展,其占 GDP 的比重由 1970 年的 34.5% 增长到 1986 年的 39.5%,其中,金融保险房地产发展尤为突出（17.6%）。除自由港政策和经济贸易活跃因素外,时差为香港金融中心的确立带来了有利条件。

三、服务业发展显著

20 世纪 90 年代中期开始,产业结构的服务化趋势更加显著,服务业在本地经济中所占比重都有所上升,向更加生产性和外向型的方向发展。香港生产总值中服务业的比重从 1997 年的 85.12% 上升至 2005 年的 90.7%。服务业在总就业人数中所占的比重大幅提升,从 1997 年的 79.5% 上升 2005 年的 86.1%,而制造业在就业人数中所占比率从 9.7% 降到 5.3%。目前,香港服务业占其 GDP 的比重超过 93%。在金融服务方面,20 世纪 90 年代香港已经成为与纽约、伦敦等齐名的重要国际金融中心。2014 年"沪港通"和 2016 年"深港通"相继实行,对香港巩固和提升其国际贸易、国际金融中心地位起到十分重要的作用。

四、鼓励新兴产业发展

20 世纪 90 年代初,始于美国的以资讯科技创新和知识经济推动了新产业革命和全球产业分工体系的变化。为了适应世界经济环境的变化,香港政府提出了 6 个新的"支柱产业"和一个科技园,即:环保产业、检测认证、医疗服务、教育服务、文化及创意产业、创新与技术,以及以国际化科技发展平台为目标的香港科技园,并且配合大埔、将军澳及元朗工业区向技术密集型企业提供服务,用来作为经济增长的长期领域。当前,随着全球经济一体化,香港面对的竞争愈来愈激烈。在巩固传统支柱产业优势的同时,香港也正在通过维持其优越的营商环境和财政支持等措施,推动开拓新市场和发展新产业,使香港经济向多元化持续发展。

第三节　香港自由港发展经验

香港成为迄今最自由、最开放的自由贸易港,首先得益于香港独特的地理位置,使香港成为国际经济与中国内地联系的重要桥梁。香港政府在区内提供各项软硬件便利设施,为不断增长的贸易提供服务,使香港拥有全世界最繁忙的货柜码头和机场,成为亚洲主要国际和地区航空及航运枢纽。

一、政策体系灵活

香港自由港自由经济政策由"完全自由"的放任型管理向"完全自由和有限自由相结合"的差别化、精细化管理型转变。即由过去的"积极不干预主义"发展成为由完全不干预政策、直接干预政策及临时性干预政策这3个基本内容所构成的比较完善的政策体系。香港自由港的管理模式是以服务为主,行政干预为辅,依靠市场调节以及行业自我管理。除极少数本地法律明确限制的领域及行为外,香港的经济活动基本不受干预。即使是政府直接干预的领域,主要集中为有关民生与经济安全的领域,也是以不干预为基本前提。这一政策体系使香港成为全球最自由、最开放的自由贸易港。

二、行政体系高效

香港特区政府将政府职能限定在尽可能小的范围内,给市场经济以充分的自由。体现在:企业注册效率高,香港特区企业注册与登记手续简单快捷。经网上提交申请成立公司,一般会于1个小时内获发有关证书。如以纸张方式提交申请,发出有关证书需4个工作日。企业注册条件宽松,香港特区法律对公司注册资本的金额没有任何限制，只需缴纳0.1%厘印税。对投资企业监管规范，依据《公司法》《银行条例》等法律、法规管理公司，规范和约束公司行为。除了法制管理外，香港还通过同业公会和商会之类的民间组织进行自律。

三、投资环境良好

香港特区拥有开放的投资制度，对外来及本地投资者一视同仁，没有任何歧视措施，实行少干预、无补贴政策，为所有有意在香港营商的公司提供公平的经营环境。

四、金融服务开放

香港可以提供几乎全球范围内的全面银行服务。香港实行资本项目下的完全开放。香港实行自由汇兑制度，其货币市场是全球最开放的市场之一，香港本地资金和境外资金均可自由进出、自由流动。由于外汇市场完全开放，企业可以在香港银行开立多种货币账户，采用不同货币营运业务或进行投资。香港的股票市场交易产品种类繁多，由普通股票以至期权、认股权证、单位信托基金和债券等，一应俱全。香港特区对金融业运作的监管主要通过专门法律条例和监管机构来进行，一般采取国际监管标准，把事前风险防范作为银行监管的核心。

五、外贸方式自由

国际贸易结算自由。香港特区可使用任何货币进行贸易结算。香港拥有成熟、活跃的外汇市场，与海外金融中心保持着密切的联系，外汇交易每天24小时不间断运行。香港特区贸易结算方式多样，结算途径自由。香港是世界上银行机构最密集的城市之一，全球顶尖的金融机构汇聚于此，形成了巨大的金融网络，能满足各种结算方式的需求。

国际航运自由。香港作为世界著名的自由港，运输工具进出不受海关限制。此外,也没有海关、检验检疫、边防等部门对船舶和船员实施额外检查。

六、海关环境便利

报关便利。香港特区进出口报关手续十分简便。除豁免报关的商品外,对进出口商品的种类、价格基本不设管制,只需于货物输入或输出后 14 日内向海关详细呈报报关单即可。

通关便利。香港特区配额和贸易管制很少,一般货物不受进口配额或其他进口证规定所限。对货物的进出口经营权不设限制。

检验检疫环节贸易便利化。香港海关人员对进出口货物以抽选方式进行检查或检验。

七、企业赋税低

香港特区税赋水平低,是吸引世界著名跨国公司聚集的重要因素之一。香港低税赋主要表现在两个方面:首先,香港实施典型的零关税政策,一般进口或出口货物均无须缴付任何关税,也不设任何增值税或一般服务费。但酒类、烟草、碳氢油类及甲醇 4 类商品除外。其次,香港实行简单低税率政策,税种少,税率低。从主体税种看,利得税的税率分别为 16.5%(适用于有限公司)和 15%(适用于非有限公司),这与世界上大多数国家和地区的税率相比都是相当低的。

八、法制公平公正

香港特区的法律制度健全,具有公平、公开、公正的经营环境。香港的自由港政策建立在高度成熟的市场法制基础之上。香港的条例和附属立法有 1000 多件,而经济法规约占总数的 45%,这些法规构成了自由竞争"游戏规则"的基础。

九、人员流动自由

在香港,人口流动和劳动力流动拥有很大的自由性和国际性。一是出入境政策十分自由。香港对到香港从事商务活动的访客、旅游的游客和香港居民提供方便的出入境措施,对境外访客也实施非常宽松的签证政策。许多国家的公民还可免签证在香港短期停留。二是国际化人才流动便利。跨国公司和香港企业吸引了来自全球各行各业的优秀人才,他们进出香港只需企业向香港特区政府申请工作签证即可。三是劳动力资源配置具有较高的流动性。在企业用工方面,香港企业可以雇佣本地和内地员工。

第四节　香港竞争力下滑原因及教训

世界经济论坛 2016 年 9 月发布的《2016—2017 年全球竞争力报告》显示,中国香港排名第九,较上年下跌两位。报告指出,香港在基建方面的评分全球第一,在商品市场效率、劳工市场效率、金融市场发展、技术准备程度等方面都名列全球前五位,但创新科技方面较弱,仅排在第 27 位。香港在"市场规模"一项排名最低,为第 33 位。香港曾经是国际航运中心、国际贸易中心和国际金融中心。但是,由于全球经济发展持续低迷,香港内部未能解决经济发展和转型问题,没有找到带动经济发展的新引擎,加之政治生态恶化,香港至今仍方向未明,动力不足,目标缺失。这些因素已经影响到香港的繁荣与发展,其原有优势也面临严峻挑战。香港的比较竞争力不断下滑,经济增长出现停滞不前,其原因主要有:

一、政治生态恶化

1997 年香港回归祖国之后,香港的政治生态反而越来越背离正确的轨道,走向极端和非理性。香港回归后,没有依法实施"去殖民化","去中国化"死灰复燃、气焰嚣张,在过去三年中已有"占中"等很多恶性政治事件的爆发。美国、英国等西方势力分裂图谋；对香港居民尤其是年轻人的国民国情教育缺失，香港人在爱国爱港或者对国家认同和对自己国民身份认同方面模糊不清；"港独"势力恣意妄为等是主要原因。政治生态的显著变化，影响到了香港旅游和商业的发展，造成香港巨大内耗、引发许多问题，在经济方面给香港带来了严重的负面影响。

二、经济结构失衡

香港的经济结构以服务贸易为主，服务业在香港的经济结构中占有绝对的优势并且一直地位稳定。随着香港的经济增长主要依赖于金融业和地产业，制造业的比重大大下降。这也暗藏了香港经济缺乏实体工业支撑的问题。

2016年3月，评级机构穆迪和标准普尔把香港的评级展望由"稳定"下调至"负面"；随后4月初，英国智库机构Z/Yen发布全球金融中心指数显示，香港首次跌出前三名，排名被新加坡超越。虽然香港国际金融市场竞争力依旧强劲，但不可否认的是，排名的变化确实反映了香港经济中的一些问题，值得反思。有分析指出，香港排名输给新加坡，是因为新加坡胜在有商品交易市场。新加坡是亚洲最大的橡胶、原油、铁矿石等大宗商品交易中心，而香港则拥有股市、债券市场、大宗商品市场和外汇市场。不过长期以来，香港偏重股票市场发展，债券市场、商品交易和外汇市场发展深度不够，令这几个市场发展步伐较慢。无论是横向拓展与其他市场合作，还是纵向改革上述几个市场的体制，香港都有欠缺。

三、社会矛盾激化

高度依赖单一服务产业及其二元化的形态使得香港发展动力不足、空间狭小，社会两极分化加剧，住房、养老、就学、贫困等民生问题日益突出，激化社会矛盾，从而形成了政治危机爆发的社会基础。以住房为例，90年代开始，国际游资及本地炒家开始疯狂炒买香港房地产，港府的高地价政策为香港房地产业的投机买卖起到了推波助澜的作用，楼价、地价飙升，严重脱离居民购买力。香港已连续7年成为全球住宅价格最高的城市。前不久，国际公共政策咨询公司Demographia公布最新的"国际楼价负担能力报告"显示，中国香港是全球房屋价格最贵的地区。香港2016年房价的中位数是当地家庭年收入的18.1倍，2010年这一比例仅为11.4倍。在人们印象中土地面积更少的新加坡，住宅价格中位数占家庭年收入也只有约4.8倍。

四、对科技重视不够

香港所实施的以"积极不干预主义"为主的政策体系，使政府对科技发展的投入远远比不上工业化国家和地区，科技与产业升级力度不强。香港错失了第四次工业革命、智能化、信息化、新兴产业的浪潮，使香港的经济，特别是它的产业发展不尽如人意。

五、未有效利用机遇

香港曾经是全球最为繁忙的港口，但2015年以来香港集装箱吞吐量快速下滑，排名掉到了第五位。原因在于香港航运业主要还是需要靠中转货运来带动，而使用港口的高成本和邻近港口服务素质的提升，以及全球外贸形势严峻，香港在货物商品转运方面的枢纽角色逐渐淡化。香港是全球贸易和中国外贸的有机组成部分，但香港没有充分利用好中国发展带来的机遇。在发展航运"软实力"方面，港府多次强调要发展高增值航运业，但至今仍未推出具体有效的措施，更多的船只能放弃香港作为货物中转地。

第三章 新加坡自由贸易区值得借鉴的经验

新加坡位于马来半岛南端的海面上,毗邻马六甲海峡南口,北与马来西亚的柔佛州公路、铁路和航道相连,南与印度尼西亚隔新加坡海峡相邻,国土面积719.1平方公里,海岸线总长200余公里,虽然国土面积有限但是战略位置重要。2015年9月30日新加坡总理公署国家人口及人才署发布《2015年人口简报》,截至2015年6月新加坡总人口约553.5万人。自20世纪60年代以来新加坡经济推行出口导向战略,重点发展劳动密集型的加工产业,在比较短的时间里实现了经济腾飞,一跃成为"亚洲四小龙"之一,并至今保持比较旺盛的竞争力。新加坡的成功不是偶然的,其中新加坡自由贸易区的贡献功不可没,也是支撑新加坡持续发展的一个重要支柱。研究新加坡自由贸易区的成功经验,能为舟山自由港区建设和中国经济发展提供有益的借鉴。

第一节 新加坡自贸区综合布局的经验

一、充分利用环岛地理资源建立自由贸易区链

新加坡地处东南亚核心位置,是太平洋、印度洋以及亚洲、欧洲、非洲、澳洲四大洲海、空航线交汇处,拥有天然良港,可以停泊任何类型的油轮。因此,新加坡充分利用其地理位置,尤其是在马六甲海峡上的优越地理位置,建设了一系列的自由贸易区。目前建设有8个自由贸易区,其

中 2 个是空运自由贸易区，其他的都是海运自由贸易区，形成了自贸区链，互相支持，互相影响，互相辐射。

表 4-1　新加坡自由贸易区

名称	面积（公顷）	主要运营范围	经营者
丹戎巴葛货物集散站	190.7	集装箱及散装货物的装卸码头	新加坡港务公司
裕廊港	118.3	集装箱及散装货物的装卸码头	裕廊海港私人有限公司
森巴旺码头	27.9	低附加值货物进出，集装箱货物的装卸移运	新加坡港务公司
岌巴集散处	40.2	集装箱货物码头	新加坡港务公司
布拉尼货物集散站	84.1	集装箱货物码头	新加坡港务公司
樟宜机场航空货运中心	47.5	集装箱及散装货物装卸移运拆拼	樟宜机场集团
新加坡机场物流园	47	集装箱及散装货物装卸移运	樟宜机场集团
巴西班让货物集散站	347.6	集装箱货物码头	新加坡港务集团

资料来源：郭建军. 新加坡外向型经济全球化进程（1965—2010）[M]. 北京：社会科学文献出版社，2012.

在有限的国土面积下充分利用海岸线上的港口和机场。新加坡这 8 个自贸区积极依托码头和机场的交通优势，构建了发达的物流转运系统，方便国际货物进出，更为重要的是，自由贸易政策是新加坡国际贸易战略的核心，几乎所有的货物可以零关税进入新加坡。因此，新加坡自贸区的业务长期以来发展迅速，有些港口码头的运转接近饱和，新加坡自贸区成了国际货物重要的转运枢纽。

二、自贸区与物流、工业园区、保税仓库有机融合发展

自贸区便于国际货物进出，新加坡抓住这一便利特点，结合本国工业发展，因地制宜，主要通过三项举措促进自贸区和工业园区、保税仓库的有机融合发展，实现自贸区更好地服务于新加坡经济发展的目的。

一是在自贸区内或者在附近建立物流中心，方便将自贸区货物转移到工业区内企业进行加工后再转出销售。新加坡岌巴物流中心就位于岌巴自贸区内。另外也可以在自贸区附近建立物流园区，这样的物流园区如亚历山大物流分销园区，面积一般较大，提供的物流服务较多。二是自贸区大多数是码头。新加坡不少工业园区在选址时也考虑到这点，很多园区位于港口附近，便于和自贸区进行对接。三是设立保税仓库增强自由贸易区的功能。货物在自贸区和保税仓库之间的进出是不收取关税的，只有离开保税仓库进入国内消费市场才会征税。

总的来看，8个自贸区把新加坡的航空、港口的优势充分利用起来，这是地理优势的综合运用，自贸区和物流、工业园区、保税仓库的有机衔接布局，又是产业链的集约布局，最终形成了新加坡自由贸易区及周边园区、仓库的格局分工明确、互相支持辐射的长远发展局面。

三、新加坡自贸区布局经验对舟山港建设的启示

从港区的布局上看，新加坡自贸区的经验可以带来下面几点启示：

1. 港区建设要和舟山港的重要地位结合起来综合推进

宁波-舟山港是我国沿海主要港口和国家综合运输体系的重要枢纽，是上海国际航运中心的重要组成部分，是服务长江经济带、建设舟山江海联运服务中心的核心载体，是浙江海洋经济发展示范区和舟山群岛新区建设的重要依托，是宁波市、舟山市经济社会发展的重要支撑。因此，港区开发要站在更高的全局视野上有序推进，最大限度地突出舟山特色和重要性。

2. 港区开发要和舟山港的定位结合起来

舟山港是以大宗能源、原材料中转运输和集装箱干线运输为重点，积极发展现代物流、航运服务、临港产业、保税贸易、战略储备、旅游客运等功能，发展成为布局合理、能力充分、功能完善、安全绿色、港城协调的现代化、综合性港口。在港区建设上应避免大而全，要突出重点。

3. 港区开发要搞好外围支撑

这涉及舟山港与上海港和长江三角洲的产业合作与协调问题。通过港口的建设，引导相关区域的资本、产业与港区建设进一步对接、联通，形成资源的互相辐射和扶持，构建起运行顺畅、分工合理的区域产业合作链。

第二节 政府政策推进自贸区有序发展

新加坡在独立前是英国在东南亚重要的殖民地，贸易已经是新加坡的经济支柱，在独立后继续扮演重要的角色。新加坡自治及独立后，政府通过一系列的政策，及时有效地推进了自贸区的发展。

一、以产业政策促进自贸区发展

新加坡独立以来，除了初期采取过一段时间的进口替代政策外，政府及时抓住世界产业发展的格局变化，制定了一系列的政策推动新加坡产业转型升级，有力地促进了自贸区的发展。

1. 出口导向战略为自贸区发展奠定基础

1965年新加坡独立后，新加坡开始实施生产低价值劳动密集型产品的以出口为导向的工业化政策，涵盖纺织品、服装、家具、日用家电、船舶修理和个人用简易电器组装生产线、炼油、化工业等。为了实施出口导向战略，1966年制定的《自由贸易园区法案》规定了自贸区的核心要素，一是自贸区在运作时所采取的政策，例如区内货物如何处理、批发和零售贸易如何进行、税费如何计算等。二是自贸区管理机构的职责和功能。

2. 产业政策升级推动自贸区可持续发展

新加坡出口导向取得初步成功后，政府比较重视产业升级，政策逐步倾向于技术密集型的产业。一是新加坡经济发展局制定了激励政策，高科技行业的外国投资在新加坡可以享受长达 5 年的免税期，已经在新加坡运营的企业也受到相应的激励。二是经济发展局与外资跨国公司联合创办了培训中心，为产业升级提供人力资本支持。三是通过工资增长计划逐步淘汰生产率不高的企业推动产业升级。四是加强金融发展，成立金融管理局，负责促进银行和金融业务，目标是将新加坡打造成国际金融中心。根据 2016 年全球金融中心指数排名报告，新加坡超过香港排名第三，电子、石油化工、金融、航运、服务业等并驾齐驱，产业升级成绩卓然。产业升级也不断扩大了自贸区的内涵和外延，同时为自贸区的发展提供了源源不断的动力。

二、政府对自贸区积极有效的政策管理

1. 新加坡政府对自贸区的功能定位明确清晰

8 个自贸区业务上有所不同，但是定位基本上都是自由港。即主要是开展国际贸易、转口贸易、出口加工和物流业务，因此自由程度比较高，可以自由通航、自由贸易，允许境外货物、资金自由进出，对大部分货物免征关税。当前新加坡仅对车辆、石油产品、烟草、酒类四大类商品征税，征税比例不到 10%。在外汇管制方面，1978 年 6 月 1 日取消了外汇管制。

2. 法制化运行的管理体制

对自贸区采用公司化的运营管理体制，并以法律形式确定自贸区的发展规划。新加坡政府从第一个自贸区建立的时候，就通过《自贸区法案》全方位规定了自贸区的功能、管理体制、运作模式和优惠政策。

3. 对自贸区采取税收优惠政策

新加坡政府对自贸区在一定期限内免除公司所得税和增值税，取消非

居民的利益所得税。允许全球超过 90% 的货物免关税自由进出。最大限度地减少企业赋税，同时向政府鼓励的项目提供各种补贴。如新加坡向制造业、服务业、建筑业以及节水项目发放投资补贴。

4. 加强自贸区的信息化建设和基础设施更新

由于新加坡自贸区主要以货物的进出口为主，效率的高低至关重要。新加坡重视自贸区高效物流体系的建立，1984 年开始推出的港口网 PortNet 连接相关卡车运输业和货主集装箱中转站、船舶公司或其代理行、政府职能部门等，使港口用户获得集装箱实时跟踪、起重机布置、指定泊位、预订舱位、货物在港所处的状态、舱位安排、船只进出港等信息。为减少客户提交单据后的等待时间，每天 24 小时服务。1986 年新加坡宣布国家贸易网络开发计划，大力开发电子数据交换系统（EDI），1989 年建设的贸易网 TradeNet，为世界上首次用于贸易文件综合处理的全国性 EDI 网络。EDI 技术是数据处理、结算通关、国际贸易等的最佳通道。TradeNet 连接着新加坡税务、海关等 35 个政府部门，形成为企业服务的单一窗口，是新加坡具备自由港最佳国际竞争力、监管高效化、贸易便利化的集中表现。通过贸易网可进行与转口、出口、进口贸易有关的管制、许可、审核、申报、申请等所有手续。通关处理时间从 2~7 天缩为 10 秒钟以内。新加坡持续投资于基础设施建设，广泛应用先进技术保持竞争力。经过不断改造，新加坡集装箱年处理能力达到 5000 万标箱，借助全程自动化无纸作业，集装箱通过港区大门通道仅需 25 秒，一艘 3000 个标箱的货船，周转时间仅 6 小时。

三、新加坡政府政策促进自贸区发展对舟山自由港建设的启示

中国和新加坡一样都是政府在经济发展中政策主导作用非常显著的国家，不过两国在体制、体量以及很多方面又存在不同，在政策的借鉴上需要结合中国实际国情。

1. 舟山港建设的政策指导上需要进一步加强协调

一是中央和地方政府之间的协调。中央政府对舟山自由港的定位、功

能和作用,更具有战略性,所以中央与地方之间的协调需进一步加强。二是地方政府之间的协调。地方政府的协调不仅仅局限于省内之间,还存在着舟山港和上海港、舟山自由港与上海自贸区等之间的政策协调,这既需要中央决策的介入,也需要建立起地方政府间的协调机制。

2. 舟山自由港规划需要进行前瞻设计

舟山自由港的发展同样伴随着中国经济结构调整、产业结构调整,舟山自由港在建设上应该充分预估和判断这些调整,预留出应对升级和转型的空间和储备。

第三节 新加坡淡马锡模式的经验

淡马锡模式是新加坡成功的重要经验,了解其模式不仅有助于对新加坡自贸区发展有更深的认识,也有助于为中国国有资本开发舟山自由港等提供借鉴。

淡马锡投资控股公司是新加坡政府财政部作为全资股东的企业,该公司的使命是使政府作为国家政策制定者和国有企业股东的身份有效地区分开来,并实现国有资产的保值和增值。1965年新加坡独立建国时,整个国家面临着吸引外来投资、创造就业和基础设施建设等问题。因为当时私人资本投资能力有限,新加坡政府必须通过经济发展局进入石油、钢铁、造船等私人资本不愿意进入的高风险、高投入领域。1968年经济发展局重组,新加坡发展银行、海皇轮船公司、新加坡航空公司、三巴望造船厂等国有企业被重组到淡马锡控股有限公司旗下。公司成立以来,它所持有的企业股票市值占新加坡股市的47%,营业收入占到国民生产总值的13%,年均净资产收益率超过18%,创造了"全球国有企业持续盈利的神话"和国有资本运营的典范。

一、"淡马锡模式"的成功经验

(一)淡马锡投资控股公司的董事会制度有效地将政府和企业分割开

现代企业公司治理的突出特点就是对股东或利益相关者与经营者的严格区分。主要包括股东大会、董事会制度、薪酬制度和激励制度等,董事会制度是核心制度。世界上知名企业经久不衰的原因也是很早尝试所有权和经营权分开。第一,在淡马锡控股公司中,董事会成员结构多元化,并且具有较强的专业性。公司董事会由政府官员、下属企业人员和民间人员组成。政府官员是由新加坡财政部派出,代表国家利益,下属企业人员和民间人员都是富有经验的企业精英。第二,董事会的董事每6年时间进行一次更换,每年更换1/3的董事,减少了董事会成员与公司产生利益关联的可能性。第三,在董事会成员中,除了一到两人来自政府部门,独立董事占到一半以上,因此独立董事在公司的重大决策中起到决定作用。第四,董事会设立3个专业委员会(执行委员会、审计委员会和领袖培训与薪酬委员会),委员会为董事会决策提供依据,增强决策科学性,为保证淡马锡董事会的自主权利和运营效率提供制度保证。

(二)淡马锡依据对其所属公司行使出资人职权的商业化主体,严格遵循《公司法》,按照市场规则参与投资公司的管理

第一,总公司行使所有权职责,除了买卖股权外,不能经营其下属企业的商业投资、运作等业务,与直属公司以及其下属的各个公司也不形成直接的经营管理关系,各个子公司分别有自己的产权管理体系和自主经营权力。第二,在资金、信贷、税收方面,总公司鼓励子公司在市场上平等竞争,不提供任何形式的优惠或保证,对于新成立的子公司,总公司根据项目的评审结果,提供和金融市场同样利率的资金。

淡马锡对于下属企业的管理,如同新加坡政府对淡马锡的监管一样,打破了世界上国有企业的两大通病——经济效益不高,以及借助垄断获得

高利润,不仅保证了其国有企业的性质,还提高了下属企业的市场竞争力。

(三) 在公司运行中采取了灵活的治理机制

在企业的内部运行中,淡马锡采用许多机制优化其公司的治理:第一,高度市场化的人才选聘机制。淡马锡从国内外市场选聘优秀的经理人,其控股团队总共有 530 名员工,来自 27 个国家,形成了高度国际化的人才结构。第二,激励机制。淡马锡控股公司的部分董事会成员由政府官员担任,淡马锡经营状况直接影响他们的薪资水平。除此之外,其下属企业董事会成员和管理层的聘任也遵循同样的原则。第三,在企业的投资机制上,淡马锡具有充分的灵活性进行资金配置。对国家、行业、主题、资产类别不设定资本集中度的界限。第四,淡马锡通过核准审批权限、风险报告、其他团队提供独立评估等方式将投资风险控制在最小。

二、"淡马锡模式" 对建设舟山自由港的启示

(一) 处理好企业和政府的关系

自由港区内的企业需要建立起科学完善的法人治理结构,以建设国有资本运营公司和国有资本投资公司为目标,实现所有权和经营权的分离,激发国有企业的活力。淡马锡一直强调自身是一个企业,而不是政府机构,是市场中普通的法人团体,而不是代表政府或相关部门的管理者。淡马锡的管理层运作完全在董事会的指导下,不受政府影响,企业本身有完全自主的决策权,只需按时向财政部上缴股东应得的利益。政府对淡马锡控股公司真正做到了有效监管但不干预,重大事项审核但不承诺,鼓励自主经营但又不失控制,不但体现了股东应有的权力,又实现了政企分开。

(二) 处理好控股公司和下属企业的关系

淡马锡以获取效益最大化为目的,坚持市场化的经营理念进行对外投

资,同时保障下属公司与其有相同的治理结构。淡马锡充分尊重下属公司发展的独立性,对下属公司的精英活动做到适当指导,但不会插手干涉,始终与下属公司保持适当距离,但又使其脱离不了母公司掌控。

(三) 建立与国有资本投资公司相适应的运作机制

积极探索建立与市场化配置相适应的选人用人机制,实现人尽其才,建立与岗位相匹配的薪酬机制和激励机制。风险管理不是消除风险,进一步完善国有企业的风险管理体系,提高投资的效率和科学性,减少投资过程中的风险。

第四节 优良社会环境是重要保障

新加坡独立以来,在法治、社会保障等方面取得了瞩目的成就,形成了很好的社会环境。政府高效清廉,法治社会形成,社会保障取得实效,形成了公平的市场竞争环境,吸引了国内外的资本和人才,这是新加坡自贸区和经济长久以来繁荣发展的重要保障。

一、依法治国,建立新加坡法治模式

新加坡人民党和政府把依法治国作为治国重要方略,坚持法律至上,健全法制体系,形成了中西方法治传统完美结合、国家治理与社会规则有效兼顾的法治模式。

(一) 法律权威至上引导共同价值观形成

一是借鉴和继承英式法治,现行法律400多种,对政府、社会、公民方方面面的权利和义务进行规定。二是法律权威至高无上,反对任何个人、组织凌驾于法律之上。三是新加坡法律体系完备,法律可操作性很强,甚至保留有"鞭刑"等惩戒手段。四是普及共同价值观,即国家至

上、社会为先,家庭为根、社会为本,社会关怀、尊重个人,协商共识、避免冲突,种族和谐、宗教宽容。以共同价值观引导新加坡社会各阶层共同维护法治。

(二) 打击贪腐从严治党

从严治党反腐,健全廉政机制。新加坡除了高薪养廉,更重视反腐体制建设,成立由总理直接领导的贪污调查局监督公务员。新加坡人民党采取道德教育、制度规范、法律惩处、高薪养廉、舆论监督、领袖以身作则等综合举措,使执政的人民党比较得到人民拥护,新加坡也是公认的亚洲最廉洁的国家。

二、完善医疗保障体系

20世纪80年代初,新加坡从实际国情出发,在充分考虑到国民和政府的承担能力的基础上,坚持公平和效率的原则,实施了保健储蓄、健保双全、提供保健基金三大计划,形成了由个人、社会、政府共同承担医疗费用的医疗保障体系,充分发挥政府与市场在医疗保障资源配置中的不同作用。政府保证为国民提供基本的医疗保障,但同时引入私人医院和诊所,设立不同等级的医疗服务,让患者根据自己经济能力选择不同就医环境。新加坡政府的医疗保障体系由三大计划构成:

1. **储蓄保障计划**

储蓄保障计划是新加坡中央公积金制度中主要的医疗计划,是一种强制性储蓄模式。1984年由公积金局设立,覆盖所有在职人员。雇主、雇员双方按照工资的6%~8%向保健储蓄账户分别缴款,用于支付投保人及家庭成员在公立和私营医院的门诊和住院费用。

2. **健保双全计划**

健保双全计划也被称为大病保险计划。1990年设立,目的是帮助公积金存户支付重疾带来的住院费和医药费,每人每年缴纳的保费从12新元到

249 新元不等。该计划属于社会保险性质，采用自愿参加原则。目前，已有 50% 的新加坡人加入了这一计划。

3. 提供保健基金计划

保健基金计划是针对保健储蓄、保健双全计划均无法提供保障的情况下的最后一道"安全网"。1993 年设立保障信托基金，政府每年拨 1 亿～2 亿元，它的投资所得每年分派给公立医院。2001 年有 15.68 万人申请到保健基金的援助，其中 99% 的申请者从中受益。

三、完善住房保障制度

新加坡 1964 年开始施行"居者有其屋"的五年计划，开始兴建低标准住房，鼓励中低收入阶层购买政府提供的"组屋"。"组屋"就是由政府规定统一价格，以低价出售或出租给中低收入家庭使用的房屋。为了保障中低收入阶层能够享受到"组屋"，新加坡政府制定了严格的准入及退出机制，以及公司的分配制度。

（一）严格的准入及退出机制

有五个主要因素决定了"组屋"的申请资格，包括：公民权、年龄、私有财产、收入水平以及家庭构成。在实际运作中，随着社会经济的发展，建屋发展局根据居民住房短缺程度以及收入变化来确定收入上限。"组屋"退出机制包括两种形式：一是组屋的转让；二是组屋的转售。针对转让和转售两种流转方式，政府制定了严格的制度和措施，防止可能出现的投机谋利行为。

（二）公平的分配制度

组屋的分配原则是：按照登记时间的先后顺序，由抽签来确定。主要包括三个环节：登记、注册和抽签。分配程序公开透明，每个人的中签概率一样。同时，政府对组屋的规划、设计、分配、价格规定等信息通过网络即时发布给民众，让民众在整个选房过程中享受到周到的公共服务。不仅如此，新加坡政府还通过降低申请门槛、增加覆盖面、增加申请渠道等方式，到 2010 年，高达 85% 的居民都居住在组屋里。

（三）中央公积金制度

中央公积金制度在新加坡的住房制度中起到资金支持作用。每个新加坡居民的中央公积金有 3 个账户，其中之一就是普通账户，用于购房、获准的投资、保险、教育。对于满足条件的组屋申请者，可以申请公积金的 50% 作为购房首付款，政府以高于公积金 0.1% 的利率为购房者提供贷款。付款期限长达 25 年。

（四）高效的土地制度

新加坡是一个土地资源高度紧缺的国家，为了实现"居者有其屋"的计划，新加坡政府进行了严格的土地规划和土地制度管理，提高了土地单位面积的利用率。1967 年，政府通过了《土地征用法》，规定政府可以强行征用私人土地用于住房建设，可以在任何地方征用土地来建造组屋，被征用土地只有国家有权调整价格，价格不受市场影响。新加坡大部分土地都归国家所有，政府在土地上的绝对控制权为组屋建造提供了土地资源，保障了新加坡住房制度的顺利实施。

四、新加坡社会环境对舟山自由港建设的启示

（一）积极实施各项保障政策吸引和留住人才

舟山需要更积极地实施各项保障政策，以进一步吸引和留住人才。相对于上海港，舟山在人才建设上需要倾注更多的资源和心血，因为上海具有更高的经济和社会发展水平，更受中高端人才的青睐。

舟山作为鸦片战争后就通商的口岸，海港天然条件优良。2016 年 12

月 19 日，随着停泊在宁波北仑港第二集装箱码头的"中海釜山"轮完成 2500 标准箱装卸作业，宁波舟山港年货物吞吐量突破 9 亿吨。2016 年，宁波舟山港累计完成集装箱吞吐量 2156 万标准箱，同比增长 4.5%，增幅位居全球前五大港口之首。从发展潜力上看，舟山港的后劲强劲，关键在于把规划中的项目做实，真正引入一批市场竞争力强、有持续发展能力的企业，大力培养创新人才，这就需要舟山在人才引进上既要把握好进入标准，更要在住房、医疗、子女教育等各种综合福利上下功夫，做好人才的服务工作。

（二）推进体制创新驱动的开发环境

新加坡政府通过法治建设有效保障了市场环境的健康发展，有助于企业创新，构建公平有序的市场环境，这启示舟山自由港建设也需要注重市场环境的培育，为创新发展打造基础。近年来中国高度重视创新工作，2016 年国家发展改革委批复同意 17 个国家新区围绕各自的体制机制重点进行创新。按照国家要求，每个新区将围绕 1~2 个重点方向开展体制机制先行探索，形成可复制、可推广经验为其他地区提供引领示范。舟山新区成为此次浙江唯一入选的试点。舟山港的开发如要走在前列，除了在技术上要有新的突破，关键还在于营造鼓励和扶持创新的开发环境，这就需要浙江和舟山在顶层设计上多下功夫。目前浙江在管理体制上已经迈出了重要的一步。2015 年 8 月，浙江作出了推进海洋港口一体化发展的重大决策部署，整合统一全省沿海港口及有关涉海涉港资源和平台，成立了浙江省海洋港口发展委员会。实现舟山新区的发展目标，需要在体制上进一步深化改革，整合相关机构，强化公共服务、市场监管、社会管理功能，提高行政效率，为建设舟山新区提供财政、税务、法律、产业、资本、技术等各方面的政策支持，为创新发展提供全方位的体制保障。

第四章　迪拜自由贸易区迅速崛起的成功经验

地处茫茫沙漠的迪拜既不是阿联酋的首都，也没有像其他海湾国家那样拥有丰富的石油和天然气等资源，然而短短几十年时间，却从一个波斯湾沿岸的滨海小镇，发展到现如今阿联酋人口最多、中东地区最富裕的城市，被称为中东北非地区的"贸易之都"。迪拜举世闻名的七星级帆船酒店和世界第一高塔哈利法塔已成为全世界游客所向往的旅游目的地。事实上，迪拜之所以能迅速崛起，树立众人皆知的迪拜奇迹，并非靠人们想象中的"卖石油"，因为阿联酋80%的石油资源都在其首都阿布扎比酋长国。究其原因，现任酋长穆罕默德·本·拉希德·阿勒马克图姆（Sheikh Mohammed bin Rashid Al Maktou，以下简称马克图姆）功不可没。迪拜酋长国的第十任酋长马克图姆被中国人亲切地称为迪拜的"邓小平"。他拥有着非凡的想象力、创造力和实践力，是迪拜改革开放的总设计师。近十几年来，马克图姆对迪拜进行大刀阔斧的改革，实施多元化的经济政策支持经济的发展，并减少了对石油的依赖。据数据显示，自马克图姆担任酋长以来，迪拜对于石油产业的依赖持续下滑，截止到2016年，石油天然气产业对于迪拜GDP的贡献率不足4%。马克图姆在经济政策上的一大亮点就是在迪拜行政区内规划设立了约20个专业化的自由贸易区（包括建成运营和在建中）。这些自由贸易区的建成和运行，以及接下来的金融业、旅游业和一系列配套的基础设施和服务业的发展，为迪拜经济的腾飞作出了巨大的贡献。

第一节 迪拜自由贸易区概况

目前世界上的自由贸易区数量大约1300个，按照不同的功能定位主要划分为转口集散型、工贸结合型、出口加工型以及保税仓储型。迪拜设立的众多自由贸易区则主要有工贸结合、以贸为主的特点。目前，迪拜有大约20个自由贸易区，占整个阿联酋自贸区数量的一半以上。迪拜最为活跃的自由贸易区包括杰布阿里自由贸易区（Jebel Ali Free Zone）、迪拜机场自由贸易区（Dubai Airport Free Zone）、迪拜多种商品交易中心（Dubai Multi Commodities Centre）、迪拜媒体城（Dubai Media City）、迪拜网络城（Dubai Internet City）、迪拜珠宝城（Dubai Gold and Diamond Park）、迪拜汽车城（Dubai Cars and Automotive Zone）、迪拜五金城（Dubai Metal & Commodities Zone）、迪拜知识城（Dubai Knowledge Village），等等。按业务性质来说，大致包括了物流、工业、信息技术、传媒、航空、科技、教育、金融等一系列多元化领域。对于企业和投资者来说，他们可以选择符合企业发展和对应业务的园区入驻，各园区会根据自身的设定和规划制定一系列的政策来吸引企业入住，并且迪拜酋长国政府对于入驻任意园区的企业所提供的优惠政策大致相同。对于迪拜来说，如此众多自由贸易区的繁荣发展所带来的并非只有大量的美元收入，更重要的是它们带动了经济的迅速发展，是整个国家前行的发动机和助推器。其中，杰布阿里自由贸易区和迪拜多种商品交易中心的发展比较有代表性。

一、杰布阿里自由贸易区

作为海湾地区成立时间最长、最成功的自由贸易区，1985年由迪拜政府发起建立的杰布阿里自由贸易区已经成为迪拜最受欢迎的投资目的地之一，也是中东北非的市场门户。杰布阿里自由贸易区在刚刚成立时仅有19家企业，属于小微型自贸区，发展到今日，不仅是全球第一个通过

ISO9000国际认证的自贸区，也是目前迪拜规模最大、最繁忙和最成熟的自由贸易区。杰布阿里自由贸易区属于综合性的港口自由贸易区。客户方面，杰布阿里自由贸易区目前共有来自125个国家超过8000家的企业入驻，其中来自财富500强的企业超过100家，包括我国的中国石化、中国石油、中国海洋石油、三一重工、鞍山钢铁等知名企业均是杰布阿里的客户；资产方面，园区内共有17000处地产，合计资产总额达到38亿美元；物流方面，园区配套了294家物流公司，提供一揽子物流供应链服务。整个杰布阿里自由贸易区所贡献的进出口贸易额占迪拜进出口贸易总额的20%以上，并且还在不断地增加。

1. 基础设施完善

规划面积100平方公里的杰布阿里自贸区（已建成面积57.5平方公里）地处在建的世界最大的机场——以迪拜酋长名字命名的阿勒马克图姆机场与杰布阿里港之间，其间全部由双向10车道的高速公路连接，形成了半小时经济圈，具有明显的区位优势、优越的地理位置和成熟的配套基础设施等特点。其中，水路方面，杰布阿里港是中东最大的集装箱港口，排名仅次于新加坡港和鹿特丹港，位居世界第三，航运路线超过180条，周停靠次数超过90次，码头吃水深度17米。航路方面，现有的迪拜国际机场、现有的140条航线可连通世界240多个城市，2015年的国际航空客运量已达到全球第一；在建的阿勒马克图姆机场的设计运力达到每年1600万吨，设计客运能力2.4亿人次/年。陆路方面，阿联酋拥有超过16800公里的公路网络，连通所有海湾国家只需1天，高效的公路网络使货物在阿联酋本地以及其他海湾地区畅行无阻。

2. 管理措施完善

除了明显的区位优势外，园区所能提供的一系列优惠激励政策和个性化解决方案也是吸引优质投资者和企业的重要一环。杰布阿里自由贸易区的投资者可以在该自贸区范围内成立独资公司、合资公司以及海外分公司。其中，独资公司由唯一持股人建立，最低注册资金为27万美元；合资公司可由多名持股人组建（不超过5人），最低注册资金为14万美元，每人注册资金不得少于3万美元，独资和合资公司均可作为独立的法人实体。并非在园区内注册成立的其他国内外公司，如果已经拥有营业执照，在入驻园区时无须另外注册。入驻园区的公司可依据自身拥有的执照种类进行不同的商业活动，如服务执照、工业执照、贸易执照等。此外，相关中介服务业也可进入园区，包括银行、法律事务、餐饮业等，但该类企业必须为阿联酋本国所持有，外资类似企业不得进入。园区还提供创业孵化器项目，为小微企业和创业公司提供一系列的配套服务。企业无外籍雇员比例限制，园区还可以帮助企业的海外雇员申请和办理阿联酋工作签证，签证的数量则是根据企业厂房、规模的大小和办公人数来决定。

3. 税收融资优惠

杰布阿里自由贸易区激励政策方面的最大亮点便是关于税收的"三无"政策，即入驻园区的外国企业无须缴纳企业所得税，无须缴纳进口、出口及再出口关税，无须缴纳个人所得税。该税收优惠政策有效期长达50年，并且期满后还可继续延长15年。即使当前迪拜面临税收政策的调整，杰布阿里自由贸易区管理机构也向所有入驻企业重新强调并承诺其免税政策不变，给众多企业吃了定心丸。除了"三无"免税政策之外，园区内企业不受阿联酋国家公司法中规定的内资51%、外资49%的条款限制，内外资任意配比，外资可高达100%。此外，激励政策还包括100%的利润和资本可转移、无货币兑换限制等。

4. 土地只租不售

杰布阿里自由贸易区里的土地采取的是只租不售的政策。园区可给企业提供空白土地、标准厂房、办公室和仓库，由企业根据自身需要自主建设厂房或者装修，当企业搬离时，必须将厂房还原到入住时所提供的状态，供下一家企业使用，避免了园区反复拆除重建所造成的资源浪费和成本上升。因此，园区主要的收入来源便是土地等各种硬件设施的租金。杰布阿里自由贸易区每平方米的租金为450美元到660美元不等，根据位置、所提供的厂房大小不同，价格也各不相同。

二、迪拜多种商品交易中心

迪拜多种商品交易中心实际上还包括了朱美拉胡塔自由贸易区（Jumeirah Lakers Towers Free Zone），因为两者属于同一自由贸易区，并且由同一部门管理和运营，只不过两者园区范围内所准许的业务稍有不同。迪拜多种商品交易中心可以进行商品和相关贸易以及服务，朱美拉胡塔自由贸易区则允许非商品之间的贸易交换。始建于2002年的迪拜多种商品交易中心隶属于迪拜多种商品中心管理局（DMCC），其目标是通过提供合适的市场、金融设施以及满足一系列的服务需求来建立全球商品交易市场，以加强阿联酋国家的商品贸易流动。该中心属于迪拜政府的战略倡导计划之一，其任务除了建立起规模庞大的交易平台之外，还肩负着复兴阿拉伯珍珠文化的使命和责任。因此，从2007年开始，迪拜多种商品交易中心便专门成立了珍珠和珠宝部门为交易双方提供增加市场份额的服务，并且成功建立了业内服务和国际贸易平台。迪拜多种商品交易中心的业务范围主要包括四大领域，其中贵重商品交易属于最重要的业务之一，包括珠宝、黄金、钻石、贵金属等。另外包括LNG、塑料、油气开发设施、减排设施等能源领域，以及钢铁和农产品。

迪拜多种商品交易中心为投资者和入驻企业提供优质的服务和可观的刺激政策，成功吸引了大量企业入驻。目前，该中心园区入驻企业数量超过7000家，且平均每月持续保持100家新公司入驻园区，大有赶超杰布阿里自由贸易区的势头。究竟是怎样的激励政策如此有效果？迪拜多种商品交易中心为入驻企业和投资者提供的激励政策包括：无个人所得税和企业所得税；资本利润100%可转移；货币可自由兑换；公司股东数量不限；外资可拥有100%所有权；完善的成套基础设施和独特的产业集群，包括各式商业、住宅、零售和工业区域；优质不动产，可按有竞争力的费率出售或出租的商业和住宅地产；高效专业的管理团队为客户提供便捷快速的服务等。另外，中心园区的范围面积还在持续扩张，不断发展。最新的扩张计划包括建设全球最高的商业大楼以及规划建设完整的商业园区，以吸引和容纳更多跨国公司和大型企业的入驻。这些诱人的激励政策是吸引真正优质企业入驻的关键。

第二节 迪拜自由贸易区的成功经验

迪拜自由贸易区的成功经验，尤其是在优惠政策、管理方法、设施提供方面的一些有效措施，可以为舟山自由港区的建设提供借鉴和参考。

一、政策优惠

入驻迪拜自由贸易区的企业和投资者可以享有免征个人所得税和企业所得税，并且免征企业所需设备和材料的进口、出口及再出口关税。企业不受阿联酋国家公司法中规定的内资51%、外资49%的条款限制，内外资任意配比，外资比例可高达100%。员工雇佣方面，迪拜自由贸易区提供了一系列的劳工政策以鼓励外国人到迪拜来投资和工作，不仅对于入驻企业雇佣国外员工没有限制，还依据企业规模提供一定数量的免费工作签证，对于自贸区外国雇员简化签证申请程序。此外，自贸区的雇员申请工作签证不需要实行担保人制度，使得外国雇员更容易变更工作，免除了后顾之忧。另外，自由贸易区范围内没有外汇管制，货币可以自由兑换，且园区入驻企业的资本和利润可以自由调配和转移。

二、良好的社会环境

迪拜自由贸易区之所以能够迅速发展，拥有稳定的制度保障，与迪拜本身良好的市场、法制环境是息息相关的。迪拜酋长国拥有一系列完善的法律体系以及优秀的社会治安环境，确保了市场经济正常的运行。这一整套保障有力的社会环境，使得世界各地的商人纷纷来到迪拜经商，并且充满了安全感。除此之外,迪拜酋长国政府努力地全方位打造出一个开放、公平、诚信、自由的自由贸易区形象,以此吸引大量的客户和企业前来投资和入驻。实施自由优先的金融政策,取消外汇管制以增加资金的流动性,每年举办大型的展览和大规模的招商会,吸引全世界的商人来迪拜考察、参观和游览。

三、完善的基础设施

迪拜拥有优越的地理位置和不可替代的区位优势。迪拜位于波斯湾西沿,地处亚、欧、非三大洲的交汇处,有着"中东北非门户"之称,并且成了链接东西方的交通要塞。迪拜机场作为当前世界上最繁华的机场之一,现有的140条航线可连通世界240多个城市,2015年的国际航空客运量已达到全球第一,更不用说正在建设中的全球最大机场阿勒马克图姆机场了。阿联酋航空作为目前世界上最大的航空公司,拥有最为庞大的机队,机型全部为空中客车A380或者波音777宽体大型客机,平均机龄不超过4.5年,航线遍布世界各地。从迪拜出发,搭乘舒适的阿联酋航空班机,无论是前往东亚的北京、南非的约翰内斯堡还是伦敦希思罗机场,8个小时便可到达。迪拜在陆路和水运方面也拥有强大的优势。因此,无论是先天的地理位置优势还是后期发达的基础设施建设,都为迪拜和迪拜自由贸易区的发展提供了最为优越的基础条件。

四、独特的土地管理运营模式

迪拜自由贸易区的土地采取的是只租不售的模式,园区将空白土地或者毛坯厂房出租给入驻的企业,由企业根据自身需要,自行建设仓库或者厂房,当企业搬离时,必须将已建好的厂房还原,否则将被园区扣除押金。这样做一是确保了园区管理方的收入,避免投机行为的出现;二是企业可对厂房进行个性化改造,符合自身企业文化,避免了整个园区的千篇一律;三是避免了园区对厂房进行反复拆除重建,杜绝了浪费。

五、企业化运营管理

迪拜自由贸易区的管理模式采取政府指导和监管、企业化运行的管理模式。政府只提供投资和发展建议，为企业办理各种证照提供一站式服务，定期与企业进行沟通，以及帮助园区企业在本土或者国际市场寻找商机和合资机会，等等。政府的行政权力大部分让出，以政府信誉做担保，园区的管理完全企业化和市场化运行，旨在为入驻客户提供优质的服务。

第五章 建设舟山自由港区的战略目标和战略重点

舟山自由港区建设的首要任务是根据其自身特点和条件、港口资源、区位优势及其在"长三角"、全国乃至全球的地位来明确其战略定位。

第一节 舟山自由港区的战略定位

一、舟山优势分析

舟山地处我国南北海运大通道和长江黄金水道的交汇处,是江海联运的重要枢纽,被称为长江经济带巨龙头上的一颗明珠,同时也是我国扩大开放、通联世界、深入环太平洋经济圈的战略门户。舟山港分为19个港区,包括9个主要港区、5个重要港区、5个一般港区,形成"一港四核"的空间格局。所以,从区位优势、基础条件和港口资源等情况来看,舟山港具有得天独厚的优势和地位。

1. **区位独特,辐射范围广**

舟山位于我国南北海运和长江水运T字形交汇处,是长江连通外海的唯一通道,背靠的不仅是长三角,而是整个长江流域;以舟山群岛为中心,方圆500海里范围,往北覆盖华北地区,往南可达福建、广东、台湾地区,往东可达韩国釜山和日本大阪,通过舟山群岛进行大宗商品中转贸易,可以说是最经济的。目前我国7条国际远洋航线中就有6条经过舟山海域。

2. 海洋资源优越，建港条件好

舟山有丰富、独特的海洋资源优势，深水岸线举世罕见，水深 10 米以上适宜开发建港的深水岸线总长 280 公里，占全国的 18.4%，尚有约 160 公里未开发。而且，舟山深水良港众多，国家批复建设的 7 个 40 万吨级以上深水码头，舟山就占了 3 个。

3. 基础条件好，物流业发达

目前舟山已经形成了以港口物流、临港工业、海洋旅游、现代渔业为支柱的现代海洋产业体系。包括油品、铁矿石、煤炭、粮食等大宗商品在内，已具备从运输、周转、仓储到加工等为一体的基础产业链条。境内有洋山深水港、亚洲最大铁矿砂中转基地、全国最大的商用石油中转基地、国家石油战略储备基地、全国重要的化工品和粮油中转基地、华东地区最大的煤炭中转基地六横岛煤炭中转码头。区域内的鼠浪湖矿石中转码头是国内最大矿石中转基地，可停泊 40 万吨巨型货轮，年吞吐能力在 5000 万吨以上；舟山在建的绿色石化基地，规划面积达到 41 平方公里。舟山港天然条件优良，港口物流业发达，从我国港口货物吞吐量排名来看，从 2013 年起，宁波-舟山港的货物吞吐量排名处于世界第一，而且增长速度也位列前茅。

从对舟山自由港区的条件分析来看，舟山自由港区适合发展成为"大宗商品和原材料仓储、物流、转口和贸易中心，海洋工程制造业基地、绿色石化基地、海洋旅游基地"。

二、舟山自由港的战略定位

2013 年 1 月，国务院在正式批复的《浙江舟山群岛新区发展规划》中提出"条件成熟时探索建立自由贸易园区和自由港区"；2013 年 11 月，党的十八届三中全会提出，要以周边为基础加快实施自由贸易区战略，形成面向全球的高标准自由贸易区网络，选择若干具备条件地方发展自由贸易园（港）区。2014 年 12 月 5 日，习近平在主持中共中央政治局就加快自由贸易区建设进行第十九次集体学习时强调,站在新的历史起点上,推进更高水平的对外开放,加快实施自由贸易区战略,加快构建开放型经济新体制,以对外开放的主动赢得经济发展的主动、赢得国际竞争的主动。

2016年年初,国家"十三五"规划纲要明确指出"探索建立舟山自由贸易港区"。5月31日国务院批复实施的《舟山江海联运服务中心总体方案》指出"借鉴自由贸易试验区改革创新经验,探索建立舟山自由贸易港区,在遵守现行贸易管理政策的基础上,鼓励企业积极开展原油进口、转口和离岸贸易"。6月3日公布的《长江三角洲城市群发展规划》要求"依托舟山港综合保税区和舟山江海联运服务中心建设,探索建立舟山自由贸易港区,率先建立与国际自由贸易港区接轨的通行制度"。国务院批复的《浙江舟山群岛新区发展规划》中明确了在国家层面对舟山自由港区的建设定位,即"大宗商品储运中转加工交易中心、东部地区重要的海上开放门户、重要的现代海洋产业基地、海洋海岛综合保护开发示范区和陆海统筹发展先行区"。

从舟山自由港区港口资源、区位优势和基础条件以及国家对其的战略定位和期望来看,舟山自由港区是我国沿海主要港口和国家综合运输体系的重要枢纽,是上海国际航运中心的重要组成部分,是服务长江经济带、建设舟山江海联运服务中心的核心载体,是浙江海洋经济发展示范区和舟山群岛新区建设的重要依托。其产业定位主要是"大宗商品及原材料仓储、物流、转口及交易中心;绿色石化基地、未来海洋工程制造产业基地、未来海洋探索旅游基地"。

第二节 建设舟山自由港的战略目标和重点

通过以上对于舟山自由港区的地理条件、区位优势、生态资源、港口资源、交通物流基础条件、产业发展条件等方面的分析,并借鉴中国香港、新加坡和迪拜等国际化自由贸易港(区)的先进经验,把舟山自由港区打造成为一个"人员自由往来、货币自由兑换、商品自由进出、运营效率较高、营商环境较好、成本低廉"的"国际化自由贸易港区",超过香港、新加坡和迪拜,成为我国龙跃大海、面向环太平洋经济圈的桥头堡,使舟山群岛成为带动我国长江流域沿江经济带城市快速发展的龙头。

战略目标是"大宗商品储运中转加工交易中心、东部地区重要的海上开放门户、重要的现代海洋产业基地、海洋海岛综合保护开发示范区和陆海统筹发展先行区"。

战略重点是"大宗商品及原材料仓储、物流、转口及交易中心;绿色石化基地、未来海洋工程制造产业基地和未来海洋探索类旅游基地"。尤其是以大宗商品和石油、铁矿石、煤炭、粮食、木材、金属矿产、非金属矿产等原材料为主体的仓储、物流、转口及交易中心,包括现货交易和期货交易。也为上海这个国家金融中心、科技中心提供广阔的市场、生产基地、原材料基地、物流基地,为上海成为人民币国际化重要窗口提供支持。

第六章 建设舟山自由港区的战略举措和实施步骤

为了快速、高效、优质地建设好舟山自由港区,要创新对舟山自由港区的管理模式和运营模式,采用企业化管理,按照市场经济的原则和要求来成立管理机构、投资和实施运营主体、政府融资平台等。鉴于土地的稀缺性,要通过填海造地、建设标准化厂房、只租不卖等方式,集约节约利用土地。在投资建设方面,要引入国有大型政策性金融机构,成立产业基金、产业开发公司等,也要根据项目特点,采用PPP模式引入国有大型建设单位、民营企业来进行投资、建设和运营,提高效率。具体来说,为加快舟山自由港区的建设,我们需要从宏观和微观层面制定实施舟山自由港区建设的战略步骤和举措。

第一节 推进阶段性目标实现

围绕舟山自由港区建设的总体目标,结合舟山自由港区开发的远期目标和近期计划,逐步完成工作目标。

到2020年,海洋生产总值年均增长20%左右,港口货物年吞吐量达到6亿吨以上。海洋经济竞争能力和辐射功能显著增强,海洋科技与产业化发展水平全面提升,海洋生态环境进一步改善。全面实现教育现代化,成为全国重要的海洋科技研发和成果转化中心。国际物流枢纽岛、对外开放门户岛、海洋产业聚集岛、国际生态休闲岛和海上花园城建设初具成效。

到 2030 年,开放型经济体系进一步完善,建成国际领先的现代海洋产业体系。人民生活富裕、人海关系和谐,经济社会综合发展水平走在全国前列。基本实现国家对舟山群岛新区发展的战略定位和发展目标。

按照"三步走"战略(舟山港综合保税区→舟山自由贸易园区→舟山自由港区),逐步建设(建立)和完善好舟山自由港区的基础设施和政策配套。首先,按照"一区两片"架构规划建设舟山岛片区和衢山片区,重点发展海洋工程装备部件、船舶配件、电子产品、精密机械、国际服务外包和海洋生物医药等产业的保税物流、加工及相关增值业务;加快建设舟山港综合保税区。其次,加快建设大宗商品储运中转加工交易中心,推进国际化市场体系建设,条件成熟时探索建立自由贸易园区,推动贸易投资便利化。最后,在探索建设自由贸易园区的基础上,充分借鉴国际先进经验,全面推进贸易投资便利化,切实提高资源配置能力和对外开放水平,积极创造条件,建立舟山自由港区。

第二节 统筹构建基础设施体系

一、统筹构建交通基础设施体系

要综合考虑公路、铁路、地铁、城铁、高铁、货运、航空和航运等交通工具、运输工具的无缝对接,甚至还要考虑海航与内河航运的无缝对接,海航与陆上交通的无缝对接,打造"立体空间型"交通网络体系。

要以全球视野、站在"一带一路"重要出海口的高度上统筹构建舟山自由港区的交通基础设施体系,既要考虑舟山港与上海港的配套,还要考虑舟山港与长江内河航运的配套;既要考虑舟山港与国内港口、内河航运的配套,还要考虑舟山港与中国香港、新加坡、韩国釜山、日本大阪甚至欧美港口的配套。

二、统筹构建"智慧型"基础设施

要充分运用先进的信息技术、互联网技术、物联网技术、"北斗"等卫星通信技术，打造智慧型城市、智慧型交通、智慧型服务、智慧型产业以及智慧型港口。对于技术的选择，既要满足当前的需要，又要具有前瞻性，考虑到未来的发展与兼容。

三、统筹建设"生态、环保、绿色、低碳、节能"型基础设施体系

要统筹兼顾人与自然的和谐发展，按照生态文明、低碳城市的建设要求来规划、建设舟山自由港区，使人与自然和谐共生，包容性发展。

第三节 建设和完善基础设施

一、推进交通基础设施建设

实现新区跨越发展，未来5年舟山按照"互联互通、构建枢纽"的思路，立足"出口打通、干线畅通、陆岛联通、路网互通、智慧交通"，实施"1128"工程。

第一个"1"，就是要开工建设宁波至舟山铁路。积极争取甬舟铁路建设项目列入相关规划，争取尽快明确出资方及出资比例，完成项目建设单位组建。争取先行段尽快开工建设。

第二个"1"，就是要全面建成一个国际空港。以服务航空产业园发展为重点，加快机场基础设施建设步伐，积极拓展国际国内航线，大力推进通用航空产业发展。5年要完成投资10亿元，争取新开通国内航线5条，国际或地区航线2条，实现各类空中直达航线数量20条以上，旅客吞吐量突破150万人次，形成10家通航企业的产业集群，打造舟山至周边城市1小时空中交通圈。

"2",就是要重点攻坚 20 个以上主要项目。集中力量打好西接宁波、北连上海两张"桥牌",扎实推进以铁路、公路大桥为重点的大通道建设。加快建成宁波舟山港主通道(鱼山石化疏港公路)、宁波北仑峙头至舟山水路联合通道等,力争在五年内全部基本建成。同时抓好骨干道路体系、港口枢纽建设。

"8",就是今后五年累计完成综合交通基础设施建设投资 880 亿元。

加快建设环杭州湾第二大通道。"十三五"期间将建设沪甬跨海高铁客运专线,该项目从铁路宁波西站至上海虹桥火车站,横跨杭州湾。拟议中的沪杭甬高速公路第二通道,也将加深沪杭之间的连接。要加快建立环杭州湾第二大通道,从上海经过洋山、岱山、舟山到宁波,形成公铁两路大桥,使得铁路直接上岛,目前从宁波到舟山的铁路已经开工建设。还要加快从舟山港口到长江中上游建立河海联运,将上海港、宁波港、舟山港、南京港一直到武汉、重庆都连接起来。

二、完善水路通道建设

全力推进黄泽山、虾峙门、鱼山、衢山南进港等航道及白泉港区配套锚地、条帚门外锚地工程前期工作。配合宁波舟山港岱山港区鱼山作业区航道工程项目业主单位做好宁波舟山港岱山港区鱼山作业区航道工程项目工可和初步设计的报批,争取尽早开工建设。

三、完善能源管网建设

加快推进舟山液化天然气(LNG)接收及加注站连接管道项目建设。做好协调沟通。由于该项目横跨宁波、舟山两市,涉及国土、环保等多个部门,需要各部门、各单位共同配合。下一步,积极推进项目前期工作,完成施工图设计;开展舟山段管道施工;完成海底管道与宁波段管道施工;开展分输末站施工。

四、加快建造江海联运船舶

目前,江海货运量占整个长江港口货物吞吐量的六成以上。一旦实现了舟山与长江的直达互通,将给长江经济带乃至全国物流成本的降低带来重大利好。要实现这个目标,对船舶的要求将提高。江海联运船舶除要满足海船的要求外,还要具备吃水较浅的条件,能使船舶通过长江枯水期的浅水区。2017年12月8日,舟山江海直达船型首制船——"江海直达1号",这是国内首次采用江海直达规范生产出的船型,更重要的是,该船型的使用能实现通江达海,改写了2万吨级海船无法通过南京长江大桥的历史。下一步,要继续深入推进江海直达运输发展,加快商品车滚装等江海直达系列船型研发,加快完善江海联运配套服务体系。加强与各大港口、航运企业的合作,着力打造干散货、集装箱、商品车装船等江海联运船队,形成规模化、集约化经营,拉动长江中下游的发展。

第四节 推进小洋山开发开放建设

小洋山连接浙江舟山和上海,具有特殊的区位优势,经过多年的发展,小洋山建设已有初步成效,但潜力远未发挥出来。为了尽快实现舟山自贸港区的目标,需要加快推进小洋山区域开发开放建设。2017年7月,浙沪两地签订了《关于深化推进小洋山合作开发的备忘录》和《关于小洋山港区综合开发合作协议》。按照上述协议,沪方指定上海港务集团,浙方指定浙江省海港集团,以股权合作的方式对小洋山进行开发经营。在浙江和上海已达成合作协议的基础上,要加快推进目前小洋山实施的二期围垦速度,加快推进前期所做的北侧支线码头前期工作的开展。

第五节　创新投融资体制改革

把好导向、突出重点，围绕系列国家战略落地、产业转型升级、基础设施建设、城市品位提升、创新能力提高、社会民生改善等方面加强招商。要创新路径、精准施策，做到精谋划，加强专业招商；高起点，树立宽广视野；转观念，创新招商办法；重效益，强化税收落地。

一、创新招商引资方式

深入开展招商引资活动，进一步健全招商责任体制。细分招商专业，有的放矢开展精准招商，精选重点企业库、项目库，分组对接、全程跟踪。创新招商渠道，大力实施以商引商战略，创新推行"互联网+招商"模式，新搭建国内外招商平台，建立招商合作机制，不定期在国内外举办招商推介会。

二、积极拓宽融资渠道

加强与政策性银行合作，保障开发建设资金；主动争取财政性资金。目前，浙江自贸区企业的投融资平台正在积极打造中，鼓励各类主体来自贸区投资发展。

三、发挥基金的撬动作用

创新投融资体制，利用舟山市被浙江省财政厅列为基金工作示范城市，并入选省产业基金首批创新交流联络试点单位的有利条件，推动舟山市市财金投资基金与金融资本、社会资本合作，在充分尊重市场经济规律的基础上，更好地保障重大工程建设，引领产业转型升级，支撑创业创新，有效提高被投项目财务统筹能力，支持企业转型升级和股改上市，实现将技术转化成生产力的目标。

四、稳步推进货币自由兑换

试点金融自由创新。充分运用"制度+技术"的手段提高监管效率，在确保金融安全的前提下，最大限度地开展金融创新，鼓励金融自由，探索建立特殊的人民币在岸中心。探索建立与自由贸易港相适应的本外币账户管理体系，促进跨境贸易、投融资结算便利化。要在舟山自由贸易港实行货币自由兑换，特别是资本项下的自由兑换。可以逐步实现，先设定一定的额度，如单位时间内每次最高兑换限额。通过税收优惠鼓励在油品、铁矿石、粮油等大宗商品现货交易、期货交易领域内，开展包含人民币计价结算、跨境双向人民币资金池等跨境人民币创新业务，推动人民币国际化进程。最终实现金融自由，即外汇自由兑换、资金出入和转移自由、资金经营自由。

第六节　实施优惠税收政策

党的十九大报告提出要"赋予自贸试验区更大改革自主权，探索建设自由贸易港"。鼓励地方大胆试、大胆闯、自主改，形成更多制度创新成果。探索建设中国特色的自由贸易港，打造开放层次更高、营商环境更优、辐射作用更强的开放新高地。舟山自贸港通过在港内实行"境内关外""放开一线、管住二线"，实现商品、货物、人员、货币自由往来，港内实行免税或减税。通过这些措施创造一个特殊税收环境，吸引外资到自由贸易港投资。

从国际上看，香港、新加坡、迪拜等自由港不断完善贸易便利化举措，开放、低税、良好投资环境使这些地区保持了长期的竞争力。为了提高舟山自由港吸引全球资本来投资的竞争力，舟山自由贸易港可借鉴国际上自由港的成功经验，在税收方面实行特殊财税制度，提升港口中转和离岸自由贸易的竞争力。目前，香港等自由港的企业税率为15%左右，同时还有其他方面的税收优惠。2017 年 12 月美国新通过的税改法案中，公司税率永久性地由 35% 降至 21%，对中小企业减税、对跨国公司带回的海外收入减税等，这将使美国更具投资吸引力。舟山建立自由贸易港需要有优惠的税收政策吸引全球的资本到舟山来投资。投资者除了享受相应的减免税优惠外，舟山自由贸易港的税收宜采取简单低税率政策，企业税率要比香港、新加坡的税率略低，转口贸易实行税收减免，从而使舟山的税率更有竞争力。

第七节　创新人员自由往来政策

在提升人员出入境便利化水平方面，制定更加便利的出入境和停居留政策措施，使人员跨境往来更加便捷高效，企业能够更加方便地"招才引智"。形成各类人员出入境管理便利化的若干措施，增设人才申请在华永久居留渠道、为外国人才在舟山创业提供居留便利以及为高层次人才提供生活便利的配套措施方面，制定完善具体实施办法。出入境政策的不断改善，将极大提升外籍人才出入境便利水平，优化人才发展环境，吸引和集聚更多海外高层次人才到舟山工作、就业和创业。

第八节　制定和完善配套政策

按照舟山自由港区的战略发展目标和定位，逐步实施和完善空间发展规划、产业发展规划、配套生产性服务业和生活性服务业发展规划以及配套政策制定规划，做到"规划先行"。要按照"市场经济""自由贸易"的原则制定和完善各项规章制度、招商引资政策、财税金融政策等。

一、制定和完善政府治理模式

舟山自由港区的开发如果要走在世界前列，除了在技术运用上要有新的突破，关键还要创新和优化政府治理模式，建立服务型政府，提高政府治理能力，探索企业化运作，把政府工作重心转移到加强市场调节、社会监管、依法行政、公共服务等职能上来，并制定和完善符合市场经济运行要求的一整套政策法规体系，为各种市场主体提供良好的发展环境与平等竞争的条件。

二、制定和完善政策法规体系

建设舟山自由港区，要坚持使"市场"在资源配置中起决定性作用。要完善外商投资法律法规，完善事中事后监管的基础性制度，做好贸易救济工作，研究建立贸易调整援助机制等措施，健全加快实施自由区战略的保障体系。要制定和完善符合市场经济运行要求的土地政策、产业政策等一整套政策法规体系，以及要按照"自由贸易"的要求来制定和完善财税政策、关税政策、货币政策等政策体系。

三、制定和完善对外开放的机制

要以建设舟山自由港区为契机，打造"全球治理"的对话交流平台，制定和完善"人民币国际化"的机制、路径和政策，搭建"人民币国际化"的国际交流平台。举办有影响的国际会议，形成我国东部对外开放的一个"窗口"和解决国际问题的一个交流平台，为"全球治理"体系的完善作出舟山贡献。

四、完善现货交易、期货交易体系

要紧紧抓住打造"舟山自由港区"的契机，利用其"大宗商品和原材料仓储、物流、转口、加工和贸易中心"的特点，成立大宗商品交易所、金属交易所、原材料交易所、期货交易所等原材料交易市场、期货交割市场、大宗商品交易市场，提高我国在全球大宗商品贸易中的话语权。

第七章　建设舟山航空基地的构想

习近平总书记曾说：钱塘江是条龙，西湖、湘湖是两只眼睛。西湖与湘湖、钱塘江构成杭州旅游风景的金三角。湘湖可以作为水上飞机的起降机场，这会给舟山到杭州通航带来很大便利。如若将水上飞机研发、制造、展示基地放在舟山，在舟山建立水上飞机运输网络，将会使舟山群岛的各个岛屿间的交通更加便利，而且可以建立起舟山到杭州的航空通行线路。

第一节　基础条件

一、地理条件优越

舟山群岛新区地理位置独特。舟山群岛新区港口可以直接建造码头，便于相关零部件的海运。舟山港是一个以水水中转为主要功能的深水良港，货运航线通达中国沿海和长江中下游各港，国际上与日本、韩国、新加坡、马来西亚、美国、俄罗斯及中东地区均有贸易运输往来。发达的海运交通有助于航空原材料、零部件、大部件运输，开展空港物流、保税加工等产业。

舟山具备了开展通用航空的要素条件，即空域、机场、起降点等基础设施条件良好。舟山还是国家低空空域试点开放城市，拥有长三角地区最大的2000平方公里的报告空域，具备开通通用航空作业飞行、航空旅游、飞行培训、试飞等活动的条件。

二、良好的航空产业基础

舟山岛际航空发展较早，2002年即成立了舟山岛际航空服务有限公司。普陀山机场为4D级民用机场，跑道长度2500米，机场配套设施一应俱全。除普陀山机场外，在嵊泗、东极、桃花、岱山、衢山等地设有直升机起降点，有直升机以包机形式在朱家尖—嵊泗和朱家尖—东极两条航线上运营。舟山通用航空飞行量居华东地区之首。

中信海洋直升机股份有限公司、交通部东海第一飞行救助队、中国海监东海总队等单位，常年在舟山开展海洋环境监测、海洋维权、国土勘察、空中急救、海上搜救等通用航空业务，普陀山机场已成为华东乃至全国通用航空繁忙机场和综合保障基地之一。

三、航空产业发展环境优越

《中国（浙江）自由贸易试验区总体方案》中明确指出：建设舟山航空产业园。在朱家尖岛布局建设舟山航空产业园，通过通用飞机总装组装、制造，对接国际航空产业转移，形成航空产业集群。在环境风险可控的前提下开展飞机零部件制造维修业务试点，积极引进飞行驾驶培训、空中旅游观光、通用航空基地运营服务及相关科研机构，鼓励高端先进航空制造、零部件物流、研发设计及配套产业向自贸试验区集聚。建设舟山航空产业园是承担国家战略使命、优化发展路径、提升产业层次、实施创新驱动发展、加快浙江自贸试验区开发开放的重要举措。

2017年5月浙江省政府复函，同意设立舟山航空产业园，实行省级经济开发区政策。2017年9月，国务院批复同意舟山港综合保税区规划调整，调整后，舟山港综合保税区总体规划面积保持不变，新增空港分区。根据功能定位，空港分区将以干线飞机、支线飞机及通用飞机生产制造等保税加工功能为核心，以航空零部件保税物流和航空保税物流功能为支撑，做强航空检测、航空维修、航空培训、航空研发、融资租赁、保税商品展示等保税服务功能。12 月，舟山港综合保税区空港分区顺利通过由海关总署、国家发展改革委、财政部等部委联合验收。此次通过正式验收，将带动舟山乃至整个浙江省的航空产业发展，并推动中国（浙江）自贸试验区相关产业集聚。

第二节　总体思路

一、加速培育现代航空产业集群

航空产业是"中国制造 2025"国家战略性新兴产业之一。通用航空产业科技含量高、产业链长，舟山航空基地应以构建航空全产业链为出发点，以市场培育为着力点。要推动舟山航空产业链和产业集群加快形成，全力建设航空产业园，加快发展航空装备及零配件制造等延伸产业，加速培育现代航空产业集群是舟山未来发展的重要目标。依托波音 737 飞机完工和交付中心项目在舟山落户，谋划、引进、落地一批航空产业高端制造项目，通过整合资源，夯实基础，力争将舟山打造成全国领先的航空高端研发制造基地。

二、以填补国内航空业空白为主要抓手

水陆两栖飞机是我国航空业的短板之一。目前，中国的天鹅通用航空有限公司致力于将俄罗斯水陆两栖飞机的先进技术引入中国，在中国形成使用、生产制造、后续研发改进的系列产业，填补我国航空业水陆两栖飞机空白。该公司现有哈尔滨市呼兰区月亮湾航空基地、山东莱芜航空基地和沈阳法库航空基地。

在国家逐步放开低空领域，支持通用航空事业发展的背景下，舟山与天鹅通用航空有限公司合作，在舟山建立航空基地，推动天鹅通用航空有

限公司实现未来十年发展目标,即在国内具备条件的地区投资建设开发200座国际性的通用航空服务基地,年产通用飞机3000架,拥有航空服务飞机3000架。这将有利于发挥双方的优势。

三、将通用航空产业建设成为舟山群岛新区新增长极

舟山通用航空初具规模,空中救援、旅游观光、岛际交通、公务飞行都已形成一定规模,是华东地区通航业务最为繁忙的地区之一。充分发挥舟山获批自由贸易试验区的有利条件,利用自由贸易试验区的政策优势,把舟山通用航空业做大做强,成为世界和中国航空产业的一个新亮点和新增长极。

第八章 建设舟山绿色石化基地的构想

作为中国最具海洋特色的经济发展区域,舟山群岛得天独厚的地域与资源优势构成了舟山群岛新区发展临港石化工业的独特条件,也成为支撑舟山海洋经济发展的重要支点。

第一节 基础条件

一、区位条件优越,市场腹地广阔

舟山群岛地处我国东部"黄金海岸"与长江"黄金水道"的T字交汇处,深水港口资源得天独厚,通江达海的区位优势显著,是长江三角洲以及长江沿线地区大进大出的海上门户和江海联运枢纽。舟山新区对内依托长三角,背靠上海、杭州、宁波等大中城市群,长三角地区是我国最重要的石化生产基地和消费区域,是石化企业最集中、发展潜力最大的地区。对外,舟山新区可利用港口条件面向东北亚和迅速崛起的亚太经济圈,置身于世界经济的整体之中,大幅拓宽产品市场空间。

二、岸线资源丰富,港航物流发达

舟山群岛深水岸线资源丰富、建港自然条件十分优越,船舶避风和锚地条件良好,多条国际航道穿境而过。舟山群岛新区适宜开发深水岸段共54处,总长度279.4公里,占浙江省55.2%,占全国18.4%,主航道可通行20万吨以上船舶,境内的虾峙门国际航线可全天候通行30万吨以上巨轮,特别适合建设大进大出的大型炼化一体化项目,将有效降低原油及大宗产品的运输费用,具有提升竞争力的天然岸线、港口优势。

三、远离人口密集区,环境安全风险很低

舟山作为海岛城市,周围被浩瀚的大海所包围,形成了特殊的海洋生态环境,对污染物排放具有较强的自净能力。与长江中上游1万多家重污染、具有重大环境风险的石化企业相比,在舟山布局承接石化产业转移更加合理。规划的石化基地与岱山城区距离20公里以上,与定海城区距离30公里以上,与普陀山距离40公里以上,远离人口密集区。大鱼山采取人工岛式围垦,与顺岸外推式围垦相比,对潮间带、海湾的生态影响更小。而且大鱼山岛的区域大气环流有利于不良空气疏散,对周边地区的环境影响小。大鱼山的地理特点适合建设大型临港石化项目的环保要求。未来通过加强监管,开展环境立体监测,可以避免石化产业对海洋生态环境造成污染。

四、岛屿数量众多,滩涂资源丰富

舟山有1390个岛屿,南北成列、东西成群,特别是不少岛屿距离国际航道只有十多海里,是舟山进入大洋的桥头堡,这种优势在我国沿海省份中是独有的。舟山新区石化基地选址大鱼山岛,面积6.25平方公里,与舟山其他一些大型住人岛屿的地貌有所不同,鱼山岛原有居民大部分都已搬迁,目前常住人口仅700多人,通过围垦可形成约40平方公里面积,可满足石化产业基地建设要求。随着工业化进程的加速,长三角地区资源和环境承载的压力越来越大,特别是人多地少的矛盾将会越来越突出,人地矛盾空前严峻,经济发达地区耕地大量减少,"占补平衡"难以为继,直接影响到粮食安全和社会长期稳定。舟山可以通过围海造地提供大量建设用地,岸线和腹地的良好配合将为前港后厂的临港重化工业的发展提供宝贵

的土地资源。

五、周边石化产业基础雄厚，利于石化项目集聚

舟山新区地处杭州湾，是我国长三角石化集聚区的重要组成部分，周边地区聚集着我国最大的炼化一体化企业和多个大型石化工业区，包括上海化工园区、宁波化工工业区、浙江台州大陈岛开发区等。这也将进一步吸引国内外大型石化企业在该区域投资建厂，促成大型石化项目集聚发展。

第二节 总体思路

一、依托港口发展炼油、芳烃及多元烯烃原料，加快产业发展步伐

充分发挥地域优势，面向长三角及东南亚市场需求，利用进口原油等资源，构建炼化一体化产业链。充分发挥舟山的临海港口优势，依托其物流储运设施，从国内外市场运入原油、液化气、甲醇、轻烃，选择采用MTO、丙烷脱氢等多种技术生产芳烃、乙烯、丙烯，补充解决石化产业发展对烯烃等基本原料的需求问题。

二、满足结构调整和产业升级发展要求，重点发展高附加值精细化工产品

舟山绿色石化基地是我国"十三五"规划建设的现代大型一体化绿色石化产业基地，是贯彻落实"一带一路"建设倡议和长江经济带发展战略、推动舟山群岛新区建设的重要举措和有效载体。大力发展高技术含置、高附加值、低资源消耗、低环境污染的高端专用和功能性化学品、化工新材料、生物质能源、生物化工和生物材料等，进一步加强企业集聚，实现绿色安全发展。大小渔山绿色石化基地，产品要瞄准国内企业不能生

产的精细化工产品。我国每年从国外进口的精细化工产品超过2000亿美元，这说明国内精细化工产品有着巨大的市场。舟山绿色石化基地内的企业可以与国外企业合作，生产进口替代产品，做大做强基础有机化工原料、新材料与精细化工产业，打造成为特色鲜明、效益显著、开放先进的国际一流石化产业基地。

三、通过改善基础设施和提高管理效率，提高舟山海域国际船舶加油量

目前，每年通过舟山海域的国际航行船舶达2万艘次以上，而在舟山加油的船舶却不足10%。这与宁波-舟山港这个全球第一的九亿吨大港的身份是不相匹配的。加油船舶和保税油供应量的多少，与油价、油企税负、加油时间、口岸通关便利化程度等因素有关。目前，舟山在全国首次尝试不同税号保税油调和业务，调和后每吨燃料油降价约5美元，进一步缩小了与新加坡的油价差价。未来，通过改善基础设施和提高管理效率，使舟山自由贸易港区为轮船加油的价格比新加坡、釜山略低些，吸引国际货轮来舟山加油、加淡水等补给品。还要通过努力争取加油量达到7000万吨以上，这样可以就地消化舟山的成品油产量，避免与国内市场竞争。

四、突出外向型特色与海洋产业一体化、集群化发展

按照国家改革开放、创新发展及舟山新区发展海洋产业的整体要求，将面向国际的开放型作为舟山市石化产业发展的突出特色，加强与海洋油气、深海勘探、海工装备等海洋产业之间的耦合和联系，最终形成联系紧密的一体化产业结构。

五、坚持差异化发展，打造若干个各具特色的石化功能区

培育发展若干个石化产业下游加工专业园区，园区间布局合理、定位清晰、特色突出、产品门类丰富、互为补充；打造多个各具特色、投资主

体多元化的石化下游延伸加工产业链，包括特种橡胶、高性能工程塑料、高性能合成纤维、新医药、食品添加剂、日用化工品等领域，支持浙江省、长三角地区经济可持续发展。

六、与宁波基地一体化发展思路

舟山基地定位为宁波国家级石化产业基地（简称宁波基地）的重要拓展区，可实现原料产品互供、产业链互补、配套工程共享，充分发挥区域协同优势，实现上下游一体化、主导产业差异化集聚发展，共同建设成为世界一流石化产业基地。

第九章 建设舟山生物制药基地的构想

第一节 基础条件

一、具备优越的海洋生物资源条件

舟山作为全国唯一的群岛城市，有大小岛屿 1390 个、明礁 3306 座，拥有海域面积 2.08 万平方公里、滩涂面积 183.19 平方公里，岸线 2447.87 公里。世界的著名的舟山渔场，素有"东海鱼仓"和"祖国渔都"之美称。舟山海域自然环境优越，海域辽阔、海岸曲折、岛屿众多、水质肥沃、饵料充沛，为各种不同习性鱼、虾、蟹、贝、藻类的生长、栖息、繁殖和索饵提供了优越场所，海洋生物资源极为丰富。据记载，舟山海域共有海洋生物 1163 种，按类别分，有浮游植物 91 种、浮游动物 103 种、底栖植物 131 种、底栖动物 480 种、游泳动物 358 种，这为今后以海洋生物为原料，运用现代科学方法和技术制造有效药物和海洋药用生物材料创造了良好的资源条件，为大力发展海洋生物医药产业提供了重要的物质基础。

二、具备一定的产业基础

舟山的海洋生物医药产业起步较早，20 世纪 80 年代，舟山的海力生集团公司就开始了鱼油制品的生产，少数小企业进行藻类的精碘提取和海藻胶加工。经过 20 多年的发展，舟山市初步形成了生产海洋药物的能力和条件，具备简单的科研开发能力和一定的生产经营规模。同时，随着近几年舟山市水产品精深加工业的不断推进，已初步形成了一批加工能力强、拥有科技创新能力和国内外先进加工设备的精深加工企业，这为海洋药物发展提供了良好的产业基础条件。而且，舟山海洋生物药物产业近年来成长较快，生产的海洋药物及医药中间体产品在全国拥有较大的市场份额和一定的市场影响力。主要产品有多烯康、氨糖美辛片、角鲨烯、贝特令、鱼胶蛋白、海洋系列肽、海墨止血片、海藻酸钠、精碘、三七透骨酊、金贻贝胶囊、海藻胶等。舟山的 20 多家海洋药物及医药中间体的生产企业已经与全国各地的大专院校、科研院所建立了长期稳定的技术合作关系，部分企业拥有较高的自主开发能力，产学研相结合的程度高，与挪威、日本、韩国、美国等国际技术合作日趋成熟。这些都给新进入该行业的企业提供了良好的示范作用，也会带动水产品精深加工企业向海洋药物方向发展。

三、具备初步的技术研发能力

2007 年 8 月舟山市新成立的浙江省海洋开发研究院，整合了中国海洋大学、国家海洋二所、宁波大学和浙江海洋学院等省内外涉海科研院所的有关科技力量，成立了由国内外海洋领域权威专家组成的专家委员会。依托舟山良好的海洋产业基础，围绕海洋产业对科技创新的需求，开展应用技术创新、共性关键技术攻关、技术中试开发、技术引进与成果产业化应用、产品检验检测、对外科技合作交流、技术与信息服务和人才培养等科技创新服务。研究院下设孵化器、海洋公共实验室、海洋生物工程研究中心、海产品精深加工技术研究中心等，今后将给舟山市海洋药物海洋生物的研发提供技术支持和开发环境。正在申报中的国家海洋生物及其制品质量检测中心一旦落户舟山，将为进一步推进技术标准研究提供巨大的技术支撑，从而可以整体推进舟山市包括海洋生物医药在内的水产加工业整体质量水平的提高。

四、海洋生物产业发展具备较好的政策导向

国务院于 2003 年发布了《全国海洋经济发展规划纲要》，确立了发展海洋经济的指导原则和发展目标，提出将海洋生物医药作为主要发展的海洋产业之一。浙江省于 2005 年发布《浙江海洋经济强省建设规划纲要》，将海洋生物医药作为重点发展的新兴产业之一。舟山市委、市政府从舟山特定的区位优势出发，把开发海洋生物海洋药物列入舟山市海洋经济总体规划，2007 年出台的《关于深入实施工业强市战略，建设先进临港制造业基地的若干意见》突出了"工业强市"的核心理念，继续将水产加工业发展专项资金，重点支持水产加工业向海洋药物发展；2008 年 8 月市委五届三次全会再次明确提出"要加快推动水产品加工业转型升级，大力发展海洋生物、医药等产品，特别要采取有力的政策措施，鼓励企业积极开拓国内市场，切实把水产品加工业做精做强"；2008 年 9 月 26 日省委第十二届四次会议通过的《关于深入学习实践科学发展观加快转变经济发展方式推进经济转型升级的决定》，把大力发展海洋生物产业作为加快建设港航强省的重要内容之一。所有这些都为舟山市海洋生物医药产业发展提供了比较有力的政策导向。

第二节 总体思路

一、强化政府政策导向，营造良好发展环境

政府要加强统筹协调，强化政策导向，发挥舆论的宣传引导作用，解放思想，拓宽思路，将舟山的海洋医药产业作为海洋经济发展中的重点加以扶持，做好各方面基础性调研工作，指导和鼓励相关部门、相关行业和企业加入海洋生物医药产业化的行列。要制订合理的海洋生物医药及相关

产业远近期发展规划,特别是近期规划,明确海洋生物医药产业的发展思路、目标和方向,集中有限资源,以产业化为目标,坚持"有所为有所不为"的原则,以项目实施为切入点,来推动产业的形成与发展。重点支持与发展与海洋生物医药研发有关的项目,倡导对海洋生物医药产品研制全方位支持的良好的政策环境和氛围。

二、加大必要资金投入,提升综合研发能力

海洋生物药物研发,投入大、风险大、周期长,没有政府扶持则开发难度很大。因此,政府必须在资金投入方面,对从事海洋生物药物单位和企业进行必要的政策扶持,鼓励科研单位对优势产品和新产品进行开发,对形成名牌产品的龙头企业要重点扶持,使其尽快形成规模效益。政府、企业、科研单位要紧密结合,制定和采取切实有效的政策和具体措施,有组织、有计划地加大投入强度,对研究进行资助、鼓励。另外,对于某些药物和保健食品,如藻类资源以及养殖水产品中可利用的材料,由于资源充足、技术含量低,所以需要的资金相对较少,见效又快,政府要加以必要的引导。对于海洋创新药物的研发,应充分利用当前加快转变经济发展方式的总体环境,积极争取列入国家和省级重点项目,争取国家及省有关部门和机构给予持久的资金和政策支持。

三、整合科研力量,建立有效的研发平台

对海洋生物医药开发中的重大课题和项目,要搞好规划和设计,科学组织,集中攻关,以减少盲目性,避免重复劳动和浪费,缩短研发时间。充分发挥相关科研单位和大专院校的作用,协调好各类科研资源,引导科研单位和企业加大对海洋药物的开发力度,重视海洋药物的科学研究。鼓励和促进企业与有关高等院校、科研院所加强合作,将高等院校和科研院所在海洋生物医药研究方面拥有的雄厚开发实力和人才与企业对市场需求的敏锐触觉相结合,实现产品研发与市场需求的有效对接。每年重点实施

几个项目,促进科研单位间、科研单位和企业间的合作,促进海洋生物医药产业产、学、研三个链条的联结,切实推动海洋生物医药产业发展。针对舟山海洋药物研究人才不足的实际情况,要争取政府部门和社会各界的支持,建立起人才培训和管理体系,推动海洋生物医药企业家队伍的建设,通过在职学习提高或组织出国培训的方式培养一批高层次的海洋生物医药技术人才和高级管理人才;加大引进人才和培养人才的力度,采取多种措施稳定和吸引人才,提高优秀人才的待遇,充分调动各类人才的积极性。

四、加强海洋生态环保意识,实现可持续发展

要有保护海洋资源的概念,认真贯彻可持续发展战略。海洋生物活性物质活性虽强,但在海洋生物体内的含量很低,通过大量采集海洋生物以获得活性物质来支撑海洋药物产业的发展,会对海洋生态平衡造成严重破坏。要坚持开发和保护并重的原则,用于开发的重点海洋生物品种不能依靠自然捕捞和采集,要尽快实施人工繁育和养殖,为海洋药物开发提供足够的原材料支持。要有计划地对重要经济鱼虾越冬、产卵场投放人工鱼礁,保护鱼虾类的正常繁殖生长,使其生物链能达到平衡发展。要增强海洋环保意识,严格控制陆源污染物超标向近海水域排放,对重要鱼虾产卵场的水质要严格监测,切实保护海洋环境和资源,维持海洋生态环境平衡,保证海洋药用生物资源的可持续利用。

当前,全省上下正在深入贯彻落实科学发展观,加快推进经济转型升级。海洋生物医药产业作为具有高附加值、高科技含量的朝阳产业,不仅能提升水产加工业的发展水平和经济效益,更能实现舟山渔业的可持续发展,前景广阔。舟山市要充分抓住这一机遇,大力发展海洋生物医药产业,为舟山实现经济转型升级、建设海洋经济强市增添新的亮色。

第十章　建设舟山海洋工程装备制造业基地的构想

第一节　基础条件

一、港口物流条件成熟

舟山港域目前已建成各类生产性泊位317个，码头泊位品种齐全，港口基础性功能全面实现，其中，1万吨级以上油品泊位70座，设计年通过能力10500万吨；25万吨级以上原油泊位3座，设计年接卸能力4450万吨，2013年进口原油达到2453万吨，占全国进口量的8.7%。依托优越的港口运输条件，舟山已发展成为国家利用国际资源、进口大宗物资的重要基地，目前已建成亚洲最大的铁矿砂中转基地、全国最大的商用石油中转基地、全国重要的化工品和粮油中转基地、国家石油战略储备基地、华东地区最大的煤炭中转基地和舟山港综合保税区，装备产品的国际航运条件较好。同时，宁波－舟山港口一体化的顺利推进，使沿海港口物流、战略物资储运优势得到了进一步发挥。

二、装备制造业发展机遇突出

国家《高端装备制造业"十二五"发展规划》《"十二五"国家战略性新兴产业发展规划》《浙江省工业强省"十二五"规划》等国家及浙江省相关支持文件的出台，为装备制造业的发展提供了良好的支撑条件。同时，随着区域及全国产业转型升级、扩大工业有效投资的需要，石化装备、能源装备、智能装备、节能环保装备等各领域的需求将进一步增加。

三、民营资本活力突出

民营资本是市场经营的重要活力，浙江是我国民营资本最发达的省份，民间资本存量巨大，投资意愿积极，融资方式灵活多样化，企业融资成本较低，能够有效支撑装备制造业的快速发展。

第二节 总体思路

一、加大机械装备重大项目招商

根据舟山产业发展导向，加大招商引资力度，力争引进一批机械装备产业央企、大型民企等，来舟山设立地区总部、生产基地、研发机构、营销中心等；重点引进一批有助于弥补舟山市机械装备产业发展短板、带动机械装备产业链整体提升和上下延伸的优质项目。扩大对外、对台产业交流合作，积极开展对美国、德国、日本、中国台湾等地的招商引资，逐步承接高层次的全球区域产业梯度转移，全面推动本地企业与国际知名企业在资本、管理、技术、人才等方面的对接合作，争取在高端成套设备、关键零部件等环节的合作有更大突破。

二、提升机械装备相关服务业配套能力

留足服务业用地，用以发展与机械装备产业密切相关的研发设计、产品检测、销售服务、物流运输、金融租赁等行业。鼓励有条件的机械装备企业向总集成、总承包服务模式拓展，向服务型制造转型，推动机械装备云服务中心建设，努力提供从产品研发、工艺设计到后期维护的一体化服务。

三、鼓励企业技术创新

鼓励企业加大引进一批行业发展需要的先进适用技术，不断提升机械

装备产品的技术含量与附加值。支持国家级、省级研发检测机构落户舟山，鼓励企业自建研发团队与研发机构，进一步深化与高等院校、科研院所、重点实验室、公共检测机构的产学研合作，共建产业技术创新战略联盟、技术服务平台和行业检测中心，形成产业集聚所需的公共技术服务能力，联合攻克一批关键技术、核心技术和系统集成技术。努力把舟山打造成为国家级装备制造研发基地与产业化示范基地，争取2~3个领域的技术达到国内领先和国际先进。进一步提升科技服务能力，强化知识产权的创造、运用、保护和管理，建立健全有利于创新的激励与约束机制，鼓励创新溢出与共享协作，建成高水平的公共技术支撑系统。

四、政策扶持

根据机械装备产业的发展趋势、发展实际、突出问题等，建议舟山市有关部门和各地应及时制定出台相应的配套措施。加大国家、省、市相关扶持政策宣传力度，切实帮助企业用好、用足、用实各级优惠政策。统筹运用各类专项资金，重点扶持产业重大设备研发、技术攻关、市场开拓、载体建设、重点企业培育等。

五、人才支撑

由主管部门、行业协会牵头，组织企业家和高管定期专题培训，培育综合型企业管理人才。引进一批突破关键技术的高端人才。按照"人才+团队+项目"的引才方式，加强带团队、带项目、带资金的高层次创业创新团队和人才的引进。鼓励高等院校、职业技术学校加强机械装备相关专业的投入与建设，培养一批符合舟山机械装备产业发展需求的研发人员与技术工人。切实解决好高层次引进人才的资金补助、住房、就医、配偶及子女就业、随迁子女就学等问题。

第十一章 建设舟山海洋旅游基地的构想

海岛旅游在世界海岛国家经济社会发展中具有独特的地位和作用，中国把海岛旅游作为海洋经济的新亮点和旅游业发展的重要增长点，纳入共建共享 21 世纪海上丝绸之路的重大发展战略。发展海洋旅游，既符合国家的战略需要，也是旅游业发展的大势所趋。我国社会消费正加速从生存型消费向享受型消费转变，舟山旅游产业大有可为。舟山群岛作为首个以海洋经济为主题的国家级新区和国家首批旅游综合改革试点城市，海洋旅游是舟山经济发展的重要支撑，是舟山群岛新区建设先行先试的主要载体和突破口。

第一节 基础条件

舟山成为我国继上海浦东、天津滨海、重庆两江后的又一个国家级新区，也是首个以海洋经济为主题的国家级新区。作为我国唯一的群岛型设区市，舟山区位、资源、产业等综合优势明显，是浙江海洋经济发展的先导区和长江三角洲地区海洋经济发展的重要增长极，具有打造成为国际化的海洋旅游基地的基础条件。

一、拥有港口优势

舟山港是宁波-舟山港的重要组成部分，其港湾众多，航道纵横，水深浪平，是中国屈指可数的天然深水良港。新区有 1390 个岛屿，岸线

2444公里，适宜于开发建设港口泊位的深水岸线有50处，总长246.7公里，其中水深大于15米以上，可建10万~25万吨级泊位的岸线198.3公里，水深大于20米的岸线107.9公里，具有发展港口物流、船舶工业、海洋装备工业等海洋工程的良好条件和基础优势。

二、拥有旅游优势

舟山海洋旅游资源种类齐全，集聚度高，呈现出高品位、唯一性、垄断性的特点，独特的生态环境和岛屿旅游资源为开发国内外游客需要的休闲度假旅游产品提供了得天独厚的条件。海岛资源是舟山旅游的一大特色，舟山被誉为"千岛之城"，1390个岛屿千姿百态、各具魅力，是著名的佛教圣地和海岛休闲旅游度假胜地，拥有"海天佛国"普陀山、嵊泗列岛等国家级风景名胜区，岱山、桃花岛省级风景名胜区，著名渔港沈家门，以及全国唯一的海岛历史文化名城定海。2014年10月13日，舟山群岛国际邮轮港开港，舟山成为中国大陆继上海、天津、厦门、三亚后第五个拥有邮轮码头的城市。国际沙雕节、南海观音文化节、中国海鲜美食节闻名遐迩。舟山已入列全国精品旅游景区，正在致力打造世界佛教名山、建设国际旅游胜地。

三、拥有渔业优势

海洋生物资源丰富，是我国最大的近海渔场和重要的海洋生物基因库。舟山素有"东海鱼仓"和"祖国渔都"之美称。由于附近海域自然环境优越，饵料丰富，因此近海处海水浑浊，给不同习性的鱼虾洄游、栖息、繁殖和生长创造了良好条件。共有海洋生物1163种，按类别分有浮游植物91种、浮游动物103种、底栖动物480种、底栖植物131种、游泳动物358种。捕捞的主要品种有带鱼、鳓鱼、马鲛鱼、海鳗、鲐鱼、马面鱼、石斑鱼、梭子蟹和虾类等40余种。

四、生态条件良好

舟山群岛新区风景秀丽，气候宜人，环境优美，是全国环境空气质量最好的城市之一，舟山市区空气质量好于和等于国家二级标准天数的比重年均达到99.4%以上。舟山在2011年就已获得"国家卫生城市"称号。全市森林覆盖率稳定在50%以上，建成区绿化覆盖率超过40%，人均公共绿地面积15.8平方米，城市生活垃圾无害化处理率达到99%以上。

第二节 总体思路

坚持国际化、精品化、标准化导向，以推进国家旅游综合改革试点城市和舟山群岛海洋旅游综合改革试验区建设为契机，积极引进旅游新业态、新产品，把舟山努力打造成世界佛教文化名山的"首善之区"、中国景区建设的"首善之区"、海洋海岛开发的"首善之区"。

一、精心编制旅游发展规划

加强对舟山旅游资源价值、市场潜力等方面的调查和评估，以适度、有序、分层次开发的原则，按照生态旅游的规划模式，制定符合生态旅游发展目标的舟山市生态旅游发展规划以及土地利用规划、景观规划、水资源和能源规划、环境保护规划等，实现总体规划与专项规划的衔接统一。

二、因地制宜确定发展模式

在有效保护和合理利用有机结合的原则下，根据各类景区的性质、实际情况，确定不同的发展模式。比如对普陀山、桃花岛、朱家尖这类等级较高、各方面条件较为成熟的旅游资源，在现有管理体制和运行机制上进行改革、创新，加快推进旅游设施建设，率先把普陀山岛、朱家尖岛、桃花岛、嵊泗列岛等建设成为世界级海洋休闲度假胜地。对尚需大量基础配套设施投入的东极岛、枸杞岛、绿华岛等旅游资源，加强与大型门户网站、专业旅游网站的合作，加快建设智慧化旅游产品营销平台、旅游自助服务平台。推进岛屿实施组团式开发，形成主题鲜明、各具特色的海洋旅游岛群。

三、完善旅游产品体系

在旅游产品的规划设计和改造创新上，要抓住舟山旅游资源中特殊的自然属性。在找准旅游资源中不同文化特性的同时，打破空间和地域限制，在资源有效利用、项目包装策划、资本运作等方面大胆尝试，谋划一批涵盖人文、自然、民俗、趣味、情感元素的综合性、主题性休闲度假项目。打造精品旅游线路，大力开发旅游新业态、新产品，着力发展观音文化、山海景观、渔村风情、滨海度假等特色旅游，推进邮轮、游艇、海钓等时尚旅游，建设海洋文化主题旅游岛屿，提高旅游产品质量和国际化水平，形成以海岛休闲度假和佛教文化旅游为核心的产品体系。

四、建设海洋文化名城

整合提升佛教文化、渔业文化、民俗文化、海岛文化等，形成特色鲜明的舟山海洋文化，推进建设海洋文化名城。完善公共文化服务体系，加快建设和提升博物馆、展览馆、影剧院等公共文化设施，积极完善基层公共文化设施和服务网络。积极保护舟山历史文脉，深度挖掘海洋人文资源，创作一批海洋文化精品。推进文化与产业、资本、科技深度融合，大力发展旅游、节庆、会展、创意等文化产业。

五、建设高素质的人才队伍

要积极培养、引进各类旅游专业人才和管理人才，形成行政管理、企业经营、行业服务有效衔接的旅游人才体系。通过请进人才、派出学习等办法，培养一批生态旅游方面的专业人才，为舟山市实现旅游可持续发展提供人才保障。

六、鼓励民营经济发展

缓解政府建设资金缺口，培育多市场主体参与，使其成为加快推进舟山群岛新区建设的重要力量，为舟山群岛新区建设注入更多活力。在发挥市、区两级国有资本主体作用的同时，鼓励民企、外企参与海岛旅游开发。全面落实国家支持民营经济发展、鼓励和引导民间投资的政策措施，凡国家法律法规未禁止进入的行业领域，民营企业均可进入。鼓励民营企业投资海洋旅游产业，大力发展PPP模式，搞好混合所有制经济。

七、建设海洋博物馆

依靠舟山鱼类及海洋生物资源丰富的特点，建立具有舟山特色的海洋博物馆。把舟山海洋旅游基地建设的重点放在未来对海洋的探索上，开阔人们对海洋认识的视野和兴趣。海洋博物馆要从青少年抓起，激发他们到博物馆参观的兴趣，推进中国青少年对海洋知识的普及和教育，培养中国儿童从小热爱海洋。通过举办适合青少年海洋科普知识系列课程活动，向广大青少年普及海洋知识，激发探索海洋奥秘的兴趣。把海洋博物馆建成蓝色国土理念的教育基地，培养青少年海洋领土概念，增强其国防意识。在海洋博物馆展示海洋自然历史和人文历史、重塑中国国家海洋文明价值观，使其成为弘扬爱国主义的教育基地、诠释海洋科学普及海洋人文的新载体。